"互联网+"视域下
高校英语翻译教学改革研究

段丽珍 ◎著

中国书籍出版社
China Book Press

图书在版编目(CIP)数据

"互联网+"视域下高校英语翻译教学改革研究 / 段丽珍著. -- 北京 : 中国书籍出版社, 2024.6. -- ISBN 978-7-5068-9934-5

Ⅰ. H315.9

中国国家版本馆CIP数据核字第2024VG3384号

"互联网+"视域下高校英语翻译教学改革研究

段丽珍 著

丛书策划	谭 鹏 武 斌
责任编辑	吴化强
责任印制	孙马飞 马 芝
封面设计	博健文化
出版发行	中国书籍出版社
地 址	北京市丰台区三路居路97号(邮编：100073)
电 话	（010）52257143（总编室） （010）52257140（发行部）
电子邮箱	eo@chinabp.com.cn
经 销	全国新华书店
印 厂	三河市德贤弘印务有限公司
开 本	710毫米×1000毫米 1/16
字 数	218千字
印 张	13
版 次	2025年1月第1版
印 次	2025年1月第1次印刷
书 号	ISBN 978-7-5068-9934-5
定 价	86.00元

版权所有 翻印必究

目 录

第一章 "互联网+"时代背景分析   1

    第一节   互联网与"互联网+"的发展   2

    第二节   "互联网+"影响下的教育   8

第二章 高校英语翻译教学理论解读   21

    第一节   高校英语翻译教学的内涵   22

    第二节   高校英语翻译教学的内容与现状   27

    第三节   高校英语翻译教学的理论依据   39

    第四节   高校英语翻译教学的常见方法   44

第三章 "互联网+"对高校英语翻译教学的影响   49

    第一节   "互联网+"视域下高校英语翻译教学的机遇   50

    第二节   "互联网+"视域下高校英语翻译教学的挑战   53

    第三节   "互联网+"视域下高校英语翻译教学的原则   58

    第四节   "互联网+"视域下高校英语翻译教学的目标   63

第四章 "互联网+"视域下高校英语翻译教学的创新模式　　69

　　第一节　慕课教学模式及其在高校英语翻译教学中的应用　　70

　　第二节　微课教学模式及其在高校英语翻译教学中的应用　　81

　　第三节　翻转课堂教学模式及其在高校英语翻译教学中的应用　　89

　　第四节　混合式教学模式及其在高校英语翻译教学中的应用　　102

第五章 "互联网+"视域下高校英语翻译教学中的文化渗透　　115

　　第一节　高校英语翻译教学中的文化障碍　　116

　　第二节　高校英语翻译教学中文化渗透的必要性　　118

　　第三节　"互联网+"视域下高校英语翻译教学中学生跨文化意识的培养　　119

　　第四节　"互联网+"视域下高校英语翻译教学中文化渗透的策略　　126

第六章 "互联网+"视域下高校英语翻译教学中的教师素养　　133

　　第一节　高校英语翻译教学中教师的专业发展　　134

　　第二节　"互联网+"视域下高校英语翻译教师的角色定位　　138

　　第三节　"互联网+"视域下高校英语翻译教师的素质要求　　139

　　第四节　"互联网+"视域下高校英语翻译教师素养提升的路径　　145

第七章 "互联网+"视域下高校英语翻译教学中的多元化评价　　151

　　第一节　高校英语翻译教学评价理论阐释　　152

　　第二节　"互联网+"视域下高校英语翻译教学评价的意义　　161

　　第三节　"互联网+"视域下高校英语翻译教学评价的原则　　165

第四节 "互联网+"视域下高校英语翻译教学多元
　　　　评价体系的构建　　　　　　　　　　　　169

第八章 "互联网+"视域下高校英语翻译教学的发展趋势　177

第一节　智慧教室与高校英语翻译教学　　　　　178
第二节　人工智能技术与高校英语翻译教学　　　180
第三节　VR技术与高校英语翻译教学　　　　　　183
第四节　AR技术与高校英语翻译教学　　　　　　187

参考文献　　　　　　　　　　　　　　　　　　　192

第一章 "互联网+"时代背景分析

随着科技的飞速发展,互联网技术已经深入人们生活的方方面面,它不仅改变了人们的交流方式,也成为人们学习新知识、理解世界的强大工具。互联网技术的每一次突破和进步,都是人类文明史上的重要里程碑,它对社会的发展产生了深远影响,特别是在教育领域,其作用尤为突出。

"互联网+教育"的出现,标志着我国教育方式和模式的重大变革。这种新的教育形式不仅提高了教育效率,也提升了教育质量,使教育更加公平、便捷。在这一背景下,高校英语翻译教学也迎来了新的挑战和机遇。本章作为开篇,首先分析"互联网+"的发展,探讨"互联网+"影响下的教育,为下面章节内容的展开作铺垫。

第一节 互联网与"互联网+"的发展

一、什么是互联网

1946年,世界上公认的第一台电子数字计算机"ENAC"面世,这台计算机由美国宾夕法尼亚大学莫尔电工学院制造,其体积庞大,占地面积达到了170多平方米,重量约30吨,耗电功率约150千瓦。ENAC主要用于计算导弹弹道,它的出现标志着电子计算机时代的到来。然而,ENAC的诞生并非偶然,而是冷战时期美苏两国在科技领域竞争的产物。

在冷战时期,美苏两国为了争夺全球霸权,不仅在军事领域展开了激烈的竞争,还在科技领域进行了大量的投入。计算机技术的发展尤其是电子数字计算机的制造,成为两国竞争的焦点。ENAC的诞生可以说是美国在计算机技术领域的一次重大突破,也是美国在冷战时期对苏联的一次有力回击。

然而,ENAC的出现并没有立即改变计算机技术的发展方向。它主要用于军事领域的计算,而且体积庞大,占地面积大,耗电功率高,这使它在实际应用中受到了很大的限制。然而,ENAC的出现却为计算机技术的发展奠定了基础,也为后来的计算机应用提供了可能。

多年后,随着科技的进步,Internet应运而生。Internet的诞生可以说是美苏冷战的产物,它的出现使信息传播的速度和范围得到了极大的扩展,也使人们的生活和工作方式发生了翻天覆地的变化。1969年,美国国防部高级研究计划署(Defense Advanced Research Projects Agency,DARPA)开始建立一个命名为ARPAnet的网络,将美国的几个军事及研究系统用电脑主机连接起来。这一举措使计算机技术在军事领域的应用得到了极大的扩展,也使计

第一章 "互联网+"时代背景分析

算机技术在民用领域的应用成为可能。

ARPAnet在20世纪70年代进入发展的关键时期。从两点链接拓展到200多个连接，ARPAnet的规模不断扩大，而且连接的范围也不断扩大，从军事领域扩展到了民用领域。尽管ARPAnet的发展迅速，但它仍然局限在高级军事领域，并没有真正成为全球性的信息交流平台。

直到1972年，全世界计算机和通信业的专家在美国华盛顿举行了第一届国际计算机通信会议，就不同计算机网络之间进行通信达成协议。会议决定成立Internet工作组，负责建立一种保证计算机之间进行通信的标准规范（即"通信协议"）。这一举措使Internet的发展迈出了关键的一步。

1974年，IP（Internet Protocol，Internet协议）和TCP（Transport Control Protocol，传输控制协议）问世，合称TCP/IP协议。这一协议为后来信息全球化时代的到来提供了初步的平台，在1983年成为互联网上的标准通信协议。随着TCP/IP协议的广泛应用，Internet开始从战争机器变为人类信息服务的平台，它的发展开始进入了一个新的阶段。

Web（World Wide Web）是一种以Internet为基础的计算机网络连接技术，它允许用户在一台计算机通过Internet存取另一台计算机上的信息，这是网络世界得以建立的基础。Web技术的发展经历了以下几个阶段。

（一）Web 1.0

Web 1.0作为互联网发展的初级阶段，起源于20世纪90年代。在这一阶段，网络信息的传播主要以静态HTML网页为主，这种方式使信息发布者能够将各类碎片化、零散化的信息进行整合，并以直观的形式展示在用户面前。相较于传统媒体，Web 1.0在信息传播方面具有明显的优势，它能够有效地汇聚各类信息，使用户能够一键点击，实现跨网站的"超链接"。

从传播学的角度来看，Web 1.0时代的信息传播仍然属于传统的媒介传播阶段。在这个阶段，信息发布者扮演着精英的角色，他们掌握着信息的主导权，将信息以"推送式"和"灌输式"的方式传播给用户。用户在获取信息的过程中实际上仍然处于单向度的传播模式，被动地接受信息。

然而，Web 1.0时代的互联网也具备一些独特功能。在传统媒体环境下，人们很难获取到海量、细致、多样化的信息。而在Web 1.0时代，互联网能够轻松地整合这些破碎、零散、微小的信息，并将其直观地展示在用户面前。这使用户能够更加便捷地获取到所需的信息，提高了信息的传播效率。此外，Web 1.0时代的互联网还为用户提供了便捷的"超链接"功能。用户只需轻轻点击鼠标，便可实现从一个网站到另一个网站的跳转，极大地丰富了用户在互联网世界中的探索和求知途径。这种便捷性也是Web 1.0时代相较于传统媒体的一大优势。

Web 1.0作为互联网的初级阶段，虽然在信息传播模式上仍然具有一定的局限性，但其在信息整合、传播效率和便捷性方面取得了显著的成果。

（二）Web 2.0

自2004年，Web 2.0这一词汇逐渐成为新媒体领域的热点，引发了广大研究者与应用者的关注。这一概念的提出标志着互联网发展进入了一个新的阶段，为网络应用和创新提供了无限可能。

Web 2.0的概念最早由欧雷利媒体公司（O'Reilly Media）副总裁戴尔·多尔蒂（Dale Dougherty）在一次会议上提出。随后，公司首席执行官蒂姆·欧雷利（Tim O'Reilly）组织了一场头脑风暴，详细阐述了Web 2.0的框架。这场风暴的结果为互联网的发展指明了新的方向。

Web 2.0具有如下几个核心特点。

用户互动：Web 2.0在Web 1.0的基础上，进一步强化了用户之间的互动。在Web 2.0时代，用户不仅是信息的接收者，更是信息的制作者和传播者。这种强烈的互动性使网络信息变得更加生动和丰富。

信息共享：Web 2.0强调信息及文件的共享，这成为Web 2.0发展的主要支撑和表现。在这种模式下，普通用户可以轻松地获取、分享和交流信息，极大地推动了信息的传播。

创新激励：Web 2.0模式极大地激发了用户创造和创新的积极性。在这种环境下，草根阶层与精英阶层实现了真正意义上的对话与交流，为互联网的创新注入了源源不断的动力。

在Web 2.0时代，一系列新兴网络传播形态应运而生，如BBS、博客、威客、维基百科等。这些应用充分体现了Web 2.0的核心特点，为用户提供了一个更加开放、互动和创新的网络环境。

Web 2.0的出现使互联网的应用在变革与应用的基础上得到进一步的创新发展。在这一过程中，信息的传播主体由原来的单一性转变为多元化，普通用户成为信息的参与者、互动者和分享者。这种变革不仅丰富了互联网的内涵，也改变了人们的生活方式和思维方式。

（三）Web 3.0

Web 3.0作为Web 2.0的升级版，扩展了技术范畴与传播维度，为互联网带来新可能。其构建理念基于全球广泛互联节点与用户的无障碍互动，融合了人工智能，带来前所未有的便利。对比Web 1.0和Web 2.0，Web 3.0关注更高层次的表象或语义层，实现网站间的信息交互和整合，使用户拥有个人数据并跨网站共享。这一切通过浏览器实现，无需复杂系统程序。Web 3.0变革不仅在于技术，更在于用户体验升级，创造虚拟类像世界，提升网络互动。

从Web 1.0到Web 3.0，人们见证了一场信息传播途径及传播方式的革命性变化。在传统社会，人们依赖书籍、报刊及广播电视来传播和接收信息。然而，网络技术的发展为人们提供了新的途径，这对以报刊和广播电视为代表的传统媒体无疑构成了巨大冲击。

这种根据网络技术发展形成的信息传播新途径，足以与任何一种传统媒体形式相提并论。因此，人们开始用新媒体这个概念来形容和概括这种新形态。新媒体的出现不仅改变了人们的认知和交流方式，也为人们提供了一个全新的视角，让人们有机会重新审视和理解信息传播的本质。

在Web 3.0时代，媒介技术的发展在不断地服务于人类社会的需求，深化了互动机制，满足了人们对现实世界的虚拟体验以及仿真模拟的需求。这场技术革命正在深刻地改变人们的生活，为人们的信息获取、交流互动、娱乐休闲等方方面面带来前所未有的便利和乐趣。然而，技术的发展也带来了一些挑战，如隐私保护、信息安全等问题，这就需要人们在享受科技带来便利的同时也要时刻保持警惕，防范潜在的风险。

Web 3.0时代已经来临，它将带领人们进入一个更加智能、个性、便捷的互联网世界。在这个世界中，人们将能够享受到更加丰富、多样的信息服务，体验到前所未有的互动乐趣。然而，人们也需要正视这个时代所带来的挑战，努力维护好自己的权益，确保在享受科技便利的同时，不被其中的风险侵害。

二、"互联网+"的产生

（一）"互联网+"的提出

"互联网+"概念的提出是在我国互联网产业快速发展的背景下，对传统产业进行转型升级的重要指导思想。随着互联网技术的不断进步和普及，互联网已经深入到了社会生活的各个方面，包括经济、教育、医疗、文化等。"互联网+"概念的提出就是要利用互联网的技术和模式，推动各个行业的转型升级，实现产业结构的优化和升级。

然而，"互联网+"概念的提出并非一帆风顺。在当时的互联网环境下，许多传统行业对于互联网的接受程度较低，认为互联网只是一个新的工具，并不能改变传统行业的本质。同时，互联网的技术和模式也在不断地发展和变化，如何将互联网的技术和模式与传统行业相结合，成了一个难题。

尽管如此，易观国际集团创始人于扬仍然坚持认为，"互联网+"概念具有重要的现实意义和价值。他指出，"互联网+"概念的提出是对互联网化的进一步提升，主要是给各个行业互联网化一个具体落地的思路。他认为，"互联网+"概念的提出不仅可以推动传统行业的转型升级，还可以为我国的经济增长提供新的动力。

在过去的几年中，"互联网+"概念得到了广泛的关注和应用。许多传统行业已经开始利用互联网的技术和模式进行转型升级，实现产业结构的优化和升级。例如，在教育领域，互联网已经成为重要的教育工具，可以为学生提供更加优质的教育资源和服务；在医疗领域，互联网也正在改变传统的医疗模式，提供更加便捷和高效的医疗服务。

当前，尽管"互联网+"概念已经得到了广泛的应用，但是它仍然面临着一些挑战和问题。例如，如何更好地将互联网的技术和模式与传统行业相结合，如何更好地利用互联网推动传统行业的转型升级，如何更好地满足用户的需求等。

（二）"互联网+"的发展

如果说"互联网+"最初是由于扬提出来的，那么积极倡导并推动"互联网+"的则是腾讯创始人马化腾。

马化腾作为中国科技产业的领军人物之一，自腾讯公司创立以来，一直以其独特的视野和创新精神引领行业发展。在互联网实务领域，马化腾提出并积极倡导"互联网+"这一创新理念，旨在通过互联网技术与传统产业的深度融合，为传统产业注入新的活力，推动社会经济的高质量发展。

2013年11月，马化腾在众安保险的开业仪式上，首次提出了"互联网+"这一概念。他指出："互联网加上一个传统行业，这代表着什么呢？其实代表的是一种新的动力，是一种外在的环境与资源，是对这一传统行业的进一步提升。"这一观点突破了传统思维的束缚，将互联网与传统产业紧密联系在一起，为产业发展指明了新的方向。

马化腾的"互联网+"理念得到了政府和社会各界的广泛关注和支持。2015年7月，国务院印发了《关于积极推进"互联网+"行动的指导意见》，明确了"互联网+"发展的总体思路、发展目标、重点任务和保障措施，为"互联网+"的推广应用提供了政策依据。随后，各级政府纷纷出台了一系列政策措施，推动"互联网+"在各领域的广泛应用。

在"互联网+"的推动下，我国各行各业取得了显著的进步。一方面，传统产业得到了数字化、智能化和绿色化的改造，提高了生产效率，降低了生产成本，增强了市场竞争力；另一方面，"互联网+"催生了一系列新兴产业，如互联网金融、电子商务、大数据、人工智能等，为经济增长提供了新的动力。

然而,"互联网+"的发展并非一帆风顺。在实践中,我们也面临着诸多挑战和问题,如网络安全、数据保护、隐私权等。面对这些问题,马化腾也提出了自己的解决方案。他认为,只有建立健全法律制度,加强网络安全保障,尊重和保护用户隐私,才能为"互联网+"的发展创造良好的环境。

总之,马化腾的"互联网+"理念为我国产业发展指明了新的方向,对推动社会经济的高质量发展产生了深远的影响。然而,这一理念的发展仍需我们不断努力,以克服困难,迎接未来的机遇和挑战。

第二节 "互联网+"影响下的教育

一、教育信息化的发展

(一)教育信息化的概念

教育信息化是指利用信息技术手段,对教育领域进行全方位的数字化、网络化、智能化改造,以提高教育教学的效率和质量,促进教育公平和创新发展。

在教育信息化的过程中,信息技术成为教育教学的重要工具和手段,教师和学生可以通过网络、多媒体等技术手段进行互动和交流,实现教育资源的共享和优化。教育信息化还包括了教育管理、教育评价等方面的数字化和智能化,使教育管理更加高效和精准,教育评价更加科学和客观。

教育信息化的实现需要依托先进的信息技术和教育理念,需要政府和学校的支持和配合,需要教师和学生的积极参与和投入。教育信息化不仅可以提高教育教学的效率和质量,还可以促进教育公平和创新发展,推动教育的现代化和普及化。

第一章　"互联网+"时代背景分析

未来，随着信息技术的不断发展和普及，教育信息化将会更加深入和广泛，成为教育领域的重要发展方向和趋势。同时，人们也需要认识到教育信息化所带来的挑战和问题，如信息安全、教育资源的均衡分配等问题，需要不断加以解决和完善。

（二）教育信息化的特点

概括来说，教育信息化主要有以下几个显著特点。

1.教育信息系统的智能化

智能化的教育信息系统能够根据学生的不同特点和需求，提供个性化的教学方案，实现因材施教。通过人工智能技术，系统可以自动分析学生的学习情况，给出相应的反馈和建议，同时也可以根据学生的学习进度和掌握情况，自动调整教学方案和内容，以更好地适应学生的学习需求。

此外，智能化的教育信息系统还可以实现多种感官的刺激，提高学生的学习效果。通过多媒体技术，系统可以呈现出生动、形象的画面和声音，吸引学生的注意力，提高他们的学习兴趣和参与度。同时，系统也可以根据学生的反馈和表现，自动调整教学内容和方法，以达到更好的教学效果。

2.教育信息传播过程中学生地位的主体化

传统教育通常是以教师为中心，学生往往处于被动学习的状态，缺乏主动性和参与性。智能化的教育信息系统和信息传播呈现多媒体化等创新技术手段，使学生不再仅仅是知识的接收者，而可以通过多种方式积极主动地建构知识，开展协商学习和合作式学习。

在智能化的教育信息系统中，学生可以通过超文本、超媒体等电子教材和其他手段、工具，自主选择学习内容和方式，更好地发挥主观能动性，实现个性化学习。同时，系统还可以根据学生的学习情况，自动调整教学方案和内容，提供及时的反馈和建议，以帮助学生更好地掌握知识和技能。

在信息技术支持下，学生可以通过与计算机合作等方式，开展合作式学习。这种学习方式可以激发学生的学习兴趣和动力，培养他们的团队协作能力和问题解决能力。同时，学生还可以通过与同伴或教师开展协商学习，提高沟通交流和批判性思维的能力。

3.教育信息处理数字化

现代信息技术的发展使教育信息处理系统的设备更加简单、性能可靠、标准统一。通过使用数字化技术，系统可以只使用1和0两个代码进行信息处理，这使得系统的集成度更高、处理速度更快，同时也提高了信息的保真度和存储容量。这种数字化技术的使用使教育信息处理系统可以更加高效地处理和存储各种形式的信息，包括文本、图片、音频、视频等。同时，系统还可以实现信息的快速传输和共享，提高了信息的使用效率和价值。此外，现代信息技术的发展还促进了教育信息处理系统的智能化和自动化。系统可以通过人工智能技术和大数据分析等技术，自动分析学生的学习情况和发展趋势，提供个性化的教学方案和反馈建议，同时也可以实现自动化评估和考核等功能，提高了教育的质量和效率。

4.教育信息呈现多媒体化

多媒体技术的支持可以整合各种表征信息的媒体，包括文字、图片、声音、动画、录像、模拟等景象。这种整合使教学内容更加生动化、形象化，更加吸引学生的注意力，调动他们的学习积极性。通过多媒体技术，教师可以根据不同的教学内容和目标，选择适合的媒体形式，将它们有机地结合起来，形成生动有趣的教学内容。例如，在讲述历史事件时，教师可以利用图片、动画和录像等媒体形式，重现历史事件的发生过程，让学生更加深入地了解历史事件的背景、经过和影响。在讲述自然科学知识时，教师可以利用模拟实验和动画等媒体形式，演示自然现象的形成过程和变化规律，帮助学生更加深入地理解自然科学知识。

多媒体技术的支持还可以为学生提供更加丰富的学习资源和多样化的学习方式。例如，通过互联网和数字化图书馆等资源，学生可以获取大量的学习资料和信息。同时，学生还可以通过在线学习和远程教育等方式，实现自主学习和个性化学习。

5.教育信息传输的立体化

网络技术的应用使教育信息资源实现立体化传输，包括文字、图片、音频、视频等多种形式的信息。这种立体化的传输方式可以更加生动形象地呈现知识，提高学生的学习兴趣和参与度。同时，网络技术还可以实现信息的双向传输和交互，使教师和学生之间可以更加便捷地进行交流和合作，提高教育的效果和质量。

（三）我国教育信息化的发展

我国教育信息化的发展可以追溯到20世纪90年代初，经历了多个阶段的发展历程。以下是一些关键的发展阶段和事件。

1.20世纪90年代初至2000年

这一阶段是教育信息化的起步阶段，主要是在各级各类学校中推广计算机和信息技术，建立了一些计算机教室和校园网，开始探索计算机辅助教学和网络教育应用。

2.2001年至2010年

这一阶段是教育信息化的快速发展阶段，主要是实施"校校通"工程，推动中小学普及信息技术教育，建设了大规模的数字教育资源库，推广了网络教育和远程教育，实现了教育信息化与学科教学的深度融合。

3.2011年至2015年

这一阶段是教育信息化的深化发展阶段，主要是实施"一师一优课一名师一团队"工程，推动优质数字教育资源的共建共享，推广混合式学习和翻转课堂等新型教学模式，加强信息化教学能力和教师信息技术素养的培养。

4.2016年至今

这一阶段是教育信息化的发展转型阶段，主要是实施"互联网+教育"

行动计划，推动数字化校园建设，实现教育信息化与经济社会发展的深度融合，加速推进教育现代化。

在发展过程中，我国政府出台了一系列政策措施，加强了信息化基础设施和数字化教育资源的建设，培养了教师的信息化教学能力和学生的信息技术素养，推动了教育的公平和普及。同时，我国还积极参与国际合作与交流，借鉴其他国家的先进经验和技术，不断提升我国教育信息化的水平。

目前，我国教育信息化已经取得了一定的成果，但仍然存在一些问题和挑战，如数字鸿沟问题、网络安全问题、信息化资源整合不足等。未来，我国将继续加强教育信息化的工作，推动数字化校园建设和数字化学习资源的开发与应用，加强信息化教学能力和教师信息技术素养的培养，促进教育的公平和普及。

（四）教育信息化的发展战略

1.我国信息化发展的战略方针

我国信息化发展的战略方针是"统筹规划、资源共享、深化应用、务求实效，面向市场、立足创新，军民结合、安全可靠"。这一方针是在总结我国信息化发展经验的基础上提出的，是指导我国信息化发展的重要原则。

（1）统筹规划

信息化发展需要统筹规划，制订总体发展战略和计划，明确发展目标、重点和措施，避免重复建设和资源浪费。

（2）资源共享

信息化发展需要加强资源共享，促进信息资源的整合和共享，提高信息利用效率，避免信息孤岛和重复投入。

（3）深化应用

信息化发展需要深化应用，将信息技术广泛应用于经济、社会、文化、教育等领域，提高信息化对经济社会发展的支撑作用。

（4）务求实效

信息化发展需要务求实效，注重信息化建设的实际效果，提高信息化对政府、企业和个人的服务能力，促进经济社会发展。

（5）面向市场

信息化发展需要面向市场，适应市场需求和发展趋势，发挥市场机制的作用，推动信息化建设和发展。

（6）立足创新

信息化发展需要立足创新，加强信息技术研发和创新，推动信息化与工业化深度融合，提高国家核心竞争力。

（7）军民结合

信息化发展需要军民结合，推动军民融合发展，提高国防和安全保障能力。

（8）安全可靠

信息化发展需要保障信息安全，加强信息安全保障体系的建设和管理，确保国家信息安全。

总之，这一战略方针是我国信息化发展的重要指导思想，需要在实际工作中贯彻落实。

2.教育信息化发展的原则

第一，统筹规划、需求导向。制订教育信息化发展规划，整合各类资源，以满足实际需求为导向，推动信息化与教育教学的深度融合。

第二，加强合作、注重实效。加强政府、企业、学校之间的合作，共同推动教育信息化发展。同时，注重实效，确保信息化教育能够提高教育质量、促进教育公平、提升学生综合素质。

第三，人才为本、项目示范。注重培养信息化人才，提升教师和学生信息素养。同时，实施项目示范，通过示范项目来引领和推动信息化教育的深入发展。

第四，因地制宜、协调发展。根据不同地区、不同学校的特点和需求，因地制宜地开展教育信息化工作。同时，注重协调发展，推动城乡之间、区域之间、校际的协调发展。

第五，创新驱动、深度融合。鼓励技术创新和模式创新，推动信息化与教育教学的深度融合，提升教育信息化的水平和效益。

第六，公平公正、开放共享。坚持公平公正原则，让每个人都能平等地享受教育信息化带来的好处。同时，推动教育资源的开放共享，提高教育资源的利用效率。

第七，安全可靠、规范有序。加强信息安全保障体系的建设和管理，确保国家信息安全。同时，规范教育信息化各项工作，推动信息化教育的有序发展。

这些指导思想和原则是指导我国教育信息化发展的重要思想和准则，需要在实际工作中贯彻落实。通过加强统筹规划、合作协调、人才培养和项目示范等措施，推动教育信息化的发展，为培养国家信息化发展中的人才作出贡献。

（五）教育信息化的发展规划

1.依靠教育信息化，实现高等教育的跨越式发展

依靠教育信息化实现高等教育的跨越式发展是一个复杂而又必要的任务。教育信息化可以为高等教育提供许多优势，如提高教学质量、促进科研创新、优化教育资源管理等。

（1）建设数字化校园

数字化校园是教育信息化的重要基础，包括校园网络、数据中心、云计算平台、移动应用等。通过建设数字化校园，可以促进信息技术与教育教学的深度融合，提高教育教学的效率和质量。

（2）推广在线教育

在线教育可以突破时间和空间的限制，提供更加灵活和个性化的学习方式。通过建设高质量的在线课程和开展在线教学活动，可以扩大高等教育受众面，提高教育资源的利用效率。

（3）实施数字化科研

数字化科研可以促进科研的信息化和智能化，提高科研的效率和质量。通过建设数字化科研平台，可以汇聚科研资源和力量，推动跨学科、跨领域

的合作和创新。

（4）优化教育资源管理

教育信息化可以提高教育资源管理的效率和精度，优化教育资源的配置和使用。通过建设数字化教育资源库和教育管理平台，可以实现教育资源的共享和优化，提高高等教育的整体水平。

（5）加强教师培训

教师是推进高等教育信息化的重要力量，需要加强教师培训，提高教师的信息技术应用能力和信息化素养。通过开展定期的教师培训和技术交流活动，可以提升教师的信息技术能力和水平，推动信息技术与教育教学的深度融合。

（6）创新合作模式

高等教育信息化需要创新合作模式，促进高校之间、高校与企业之间的合作和交流。通过建立合作机制和搭建合作平台，可以汇聚优势资源和力量，推动高等教育的协同发展和共赢。

2.把教师队伍建设作为教育信息化建设的重点

教师队伍建设是教育信息化建设的重点。为了帮助提高教师在教学过程中对现代技术设备的利用效率，可以注重以下几点。

（1）增强教师信息技术应用能力培训

针对当前教师对新技术设备应用不熟练的问题，应加强对教师的信息技术应用能力培训，包括基本的计算机操作、多媒体教学软件的使用、网络资源的获取和利用等。通过定期的培训和技术交流活动，提高教师的信息技术应用能力和素养，使教师能够熟练地运用新技术设备进行课堂教学。

（2）创新教学模式

教育信息化要求教师改变传统的教学模式，积极探索基于现代技术设备的新教学模式。例如，利用在线课程、网络研讨会、多媒体教学资源等开展混合式教学，将传统课堂与数字化学习环境有机结合，提高教学效果。

（3）提供优质数字化教学资源

教育部门和学校应积极开发优质数字化教学资源，包括各类在线课程、多媒体教材、实验模拟软件等，为教师提供丰富的教学素材和工具。这样教师就能利用这些资源进行课堂教学，提高教学的效率和质量。

（4）建立教师信息技术应用评价机制

为了激励教师积极应用新技术设备，应建立相应的评价机制。通过对教师使用新技术设备的情况进行定期评价，将评价结果与教师的绩效考核、晋升等挂钩，从而激励教师重视信息技术在课堂教学中的应用。

（5）加强教师之间的交流与合作

通过组织教师参加校际、地区甚至全国性的教学交流活动，促进教师之间的经验分享和合作。这样教师可以共同探讨如何更好地利用新技术设备进行教学，相互学习、共同进步。

3.完善资源库建设，实现资源共享

目前的学科整合存在一些挑战，其中之一确实是资源共享的问题。这不仅涉及技术层面的限制，也涉及观念和合作机制的问题。在实现资源共享方面，我们可以考虑以下策略。

（1）建立共享平台

学校或地区可以建立一个共享平台，用于存储和共享各类教育资源。这可以是一个在线的资源库、云存储平台，或者是一个数字化的教育资源管理系统。

（2）制定资源共享政策

政策是推动资源共享的重要手段。学校或地区应该制定相关的政策，鼓励和要求教师共享他们的资源。同时，也可以设立一些奖励机制，表彰那些在资源共享中作出积极贡献的教师或团队。

（3）培训教师

许多教师可能对如何有效地共享和使用数字化资源感到不熟悉。因此，提供相关的培训和技术支持是必要的。这可以帮助教师了解如何上传和共享他们的教学资源，以及如何有效地使用这些资源来提高教学质量。

（4）建立合作机制

实现区域范围内的资源共享需要建立跨学校、跨地区的合作机制。这可以通过定期的研讨会、交流活动等方式来实现。同时，也可以考虑建立校际或地区的资源共享联盟，以促进更紧密的合作。

（5）转变观念

改变教师和学校领导对于资源共享的观念是至关重要的。需要让他们理解，资源共享不仅是一种责任，也是一种机会。通过共享资源，他们可以扩大自己的教学影响力，提高教学质量，同时也可以从其他教师的资源中学习和获得灵感。

如果不能实现资源共享，教育信息化确实会失去其意义，也无法实现全方位的教育现代化。因此，建立有效的资源共享机制是推进教育信息化建设的关键步骤之一。这需要我们从技术、政策、培训、合作和观念等多个方面入手，全面推动资源共享的实现和发展。

二、"互联网+教育"的内涵及特点

（一）"互联网+教育"的内涵

"互联网+"作为一种全新的思维模式，正逐步改变着传统的生产、销售、运营和生活方式。其中，教育领域也正在发生深刻的变革，而"互联网+教育"正是这一变革的代表。

在教学思维及模式上，传统的教学以教师为主体，学生被动接受知识。然而，在互联网的思维模式下，学生与教师的地位被颠覆，学生成为课堂的主体，学习积极性得到了提升，课堂的互动性和灵活性也得到了增强。这种以学生为中心的教学模式有利于激发学生的学习兴趣，提高学习效果。

在助学工具的改变上，传统的助学工具如试题已经无法满足教育的需求。因此，更多的教育商开始提供更科学、更人性化的服务。例如，针对孩子们上下学时间长、交通拥堵等问题，一些教育平台提供了在线学习工具，使学生在上下学的途中也能进行学习，从而科学地整合了学生的零散时间，帮助学生在最短时间内完成课后的复习，巩固了知识点，相对减轻了学生的学习负担。

此外，"互联网+教育"还改变着教育行业的很多行为方式。比如，K12

在线教育、MOOC等新型教育模式的出现，都在改变着教育的形式和内容。这种教育模式不仅提供了更多的学习资源，也提供了更多的学习方式，使学习变得更加灵活和便捷。

因此，"互联网+教育"是一种全新的教育模式，它正在逐步改变着传统的教育方式，推动着教育的现代化进程。然而，"互联网+教育"并不是一种全新的教育理念，它只是将互联网技术与教育相结合，实现教育资源的共享，提高教育效率，促进教育的公平。因此，我们不能将其视为一种全新的教育理念，而应该将其视为一种新的教育工具，一种可以提高教育效率、促进教育公平的新工具。

"互联网+教育"也面临着一些挑战。比如，如何保证在线教育的质量，如何保证学生的安全，如何保证教育的公平性等问题，都需要教师进行深入的思考和研究。只有解决了这些问题，才能真正实现"互联网+教育"的目标，才能让"互联网+教育"真正发挥出其应有的作用。

（二）"互联网+教育"的特点

互联网在教育中的应用非常广泛，能够高效开展与利用学习过程和学习资源，从而推动教育的发展。这种应用表现出"互联网+教育"的时代特征，具体表现如下。

1. 以学生为本

教育作为一项关乎国家未来、民族兴衰的基石事业，其目标就是培养出一大批具备高素质、全面发展的人才，以满足我国社会不断发展的需求。在这一过程中，教师始终坚持以学生为中心，注重发掘和满足学生个体发展需求，同时鼓励他们将自己的发展目标与社会发展的总体需求相结合，以实现个人价值与社会价值的双重提升。

在当前"互联网+教育"的新型教育模式下，教师需要重新审视教学过程。传统的教学模式往往以教师为中心，关注教师应当传授哪些知识、采用何种教学方法更为有效。然而，在"互联网+教育"的背景下，教学思考的重心应转向学生，关注他们需要学习哪些知识、如何激发他们的学习兴趣、促进他们主动学习。互联网技术的发展为教师提供了丰富的教学资源和便捷的教学手段，其核心价值在于助力教师更好地开展教学活动，从而促进学生的身心健康全面发展，满足他们多样化的成长需求。

互联网技术与教育的深度融合，使教育公平、高质量成为可能。通过在线教育、远程教育等方式，打破了地域、时间等限制，让优质教育资源惠及更多地区和人群。同时，大数据、人工智能等技术手段的应用使教师能够精准把握学生的学习状况，为学生提供个性化的学习路径和资源，提高教学效果。在此背景下，教师的角色发生了重大变化，从知识的传授者转变为学习的引导者、学生成长的陪伴者。教师应适应这一变革，不断提升自身教育教学能力，以适应互联网时代的教育需求。

2.凸显教师

技术的发展离不开人类的创新精神，教育技术也不例外。从历史的角度看，人类对技术的创造、创新与应用在教育领域的推广，使教育方式得到了前所未有的改变。在这一过程中，人的作用日益凸显，特别是在教育技术的研发、应用和推广中，人的创造力发挥了至关重要的作用。

在教育过程中，教师这个角色尤为重要，他们不仅是知识的传播者，更是学生成长道路上的引路人。随着互联网技术的飞速发展，教育对教师的要求也越来越高。教师需要不断地学习新技术、新理念，以满足教育变革的需求。人工智能的发展虽然可以在一定程度上减轻教师的工作负担，但它无法替代教师在教育中的核心地位。教师的作用是无可替代的，他们在教学过程中的积极作用无法被任何技术替代。

3.可选择性

"互联网+教育"的发展是与新时期科学技术的发展不断相适应的，这体现了我国教育行业的创新精神和对科技进步的敏锐把握。在教育领域，教学技术的创新和应用对学生和教师的教学方式产生了深远影响，使双方有了更多的选择。这是一个适者生存的时代，不同的教学技术在应用中展现出了各自的优点，从而找到了自己在教育领域的一席之地。

每一次科学技术的发展都是一场科技革命，教育领域也不例外。在新的技术革命中，会有各种新技术被提出并用于教育实践。然而，并非所有技术都能在教学中发挥出最大的效益。只有那些在教学应用中表现出显著效果的技术，才能被教育者广泛接受并最终保留下来。这些技术的保留并非一成不变，而是随着科学技术的不断发展而不断进行优化和升级，以适应教育领域的新需求。

信息技术教育的技术选择性更多地表现在有形的物质教学技术上。例如，在美国，1924年诞生的教学机器，发展到20世纪60年代多达83种。然而，随着PC机的问世和普及，许多教学机器都被淘汰出局。这并不意味着教学机器的技术是完全失败的，而是在新的技术条件下，它们无法满足教育实践的需求。

先进的教学思想、教学方法的影响则会持续发挥作用，并不会在新思想提出之后被立即否决。相反，它们会与其他新技术相结合，共同推动教育领域的发展。这是因为教育本身就是一个不断创新、进步的过程，而科技的发展只是为这一过程提供了更多的可能性。

总之，"互联网+教育"的发展不仅推动了教学技术的创新，也使教育领域更加注重科技与教育的融合。在这一过程中，我们有理由相信，我国教育行业将继续紧跟科技发展的步伐，探索出更多适应新时期教育需求的教学技术，为提升教育质量、培养更多优秀人才作出贡献。同时，我们也期待广大教育工作者能够积极拥抱新技术，不断探索和创新教学方法，为我国教育事业的发展贡献自己的力量。

第二章　高校英语翻译教学理论解读

　　翻译教学作为英语教学体系的核心组成部分，发挥着至关重要的作用。它不仅是帮助不同语言背景的人们实现有效交流的关键手段，更是培养高素质英语人才的重要途径。在当前全球化背景下，国际交流与合作日益深入，社会对于英语人才的需求呈现出持续上升的趋势。与此同时，对于具备专业翻译能力的人才需求也大幅度增长，这无疑对高校英语翻译教学提出了更高的要求。从这个角度来看，高校英语翻译教学的重要性不言而喻。一方面，它有助于提升学生的语言运用能力，使他们能够在不同场合和背景下进行得体的交流。另一方面，翻译教学还有助于培养学生的跨文化交际能力，使他们能够理解和尊重不同国家和民族的文化特点。因此，高校英语翻译教学在人才培养和社会发展中发挥着举足轻重的作用。本章将对高校英语翻译教学的相关理论进行详细阐述，包括内涵、内容、现状、理论依据以及常见方法。

第一节　高校英语翻译教学的内涵

在学术界，关于翻译教学的定义和内涵，众多学者存在着不小的争议。其中最为突出的问题是翻译教学与教学翻译的区别，以及翻译教学所涵盖的相关内容。为了更好地理解这些问题，我们需要对翻译教学的定义进行深入探讨，以便为这一领域的研究提供清晰的理论基础。

一、翻译教学与教学翻译

在翻译教学与教学翻译的区分问题上，众多学者给出了各自的观点。国际翻译界知名学者让·德利尔是其中一位对这一问题进行了深入研究的学者。他认为，翻译教学并非旨在让学生掌握语言结构和知识，提高语言文体水平，而是以实现翻译成果为目标。[1]相比之下，教学翻译则是一种方法，旨在帮助学习者掌握和运用一门语言，提高语言文体水平，以及理解这门语言的文体特点。教学翻译作为一种教学工具或手段，其主要目的是检验学习者对所学外语的理解，从而帮助他们习得外语。

除了让·德利尔的观点外，穆雷和张美芳也对翻译教学与教学翻译进行了区分。穆雷在《中国翻译教学研究》一书中将教学分为三大类：一是提高双语能力，二是培养翻译工作者，三是扩大知识面，提高双语表达能力以及

---

[1] 让·德利尔.翻译理论与翻译教学法[M].孙慧双,译.北京：国际文化出版公司，1988：25-26.

第二章　高校英语翻译教学理论解读

对多种文化有深层次的了解。[①]而张美芳则认为，翻译教学与教学翻译是两种不同层次、不同性质的教学类型。[②]

总体来说，翻译教学与教学翻译的区别主要表现在教学目标、教学对象和教学方法上。翻译教学主要是为外语专业学生设计的，旨在培养社会需要的专业翻译人才，而教学翻译则作为一种教学工具或手段，主要用于帮助学生提高语言能力。这两种教学类型各有侧重，旨在实现不同的教学目标。然而，无论哪种教学类型，其核心目标都是帮助学生提高语言能力，从而更好地理解和运用外语。

二、翻译教学的基本理念

（一）以翻译理论为先导

翻译理论在翻译实践中的重要性不言而喻，它如同指引航行的灯塔，为翻译工作者提供方向。因此，在翻译教学中，翻译理论被视为不可或缺的先导。然而，当前翻译理论林林总总、复杂多变，许多理论又源于宗教和文学，这导致将不同学派的翻译理论融合在一起显得尤为困难，这种做法往往会让学习者感到疲惫不堪，同时削弱理论的实用性。

翻译理论在翻译实践中具有重要的指导作用，尤其是翻译功能目的论。在翻译教学中，教师应以翻译理论为先导，引导学生将理论应用于实践，从而提高学生的翻译能力。同时，学生也应认识到理论与实践的密切关系，努力学习翻译理论，为自己的翻译事业打下坚实的基础。

[①] 穆雷.中国翻译教学研究[M].上海：上海外语教育出版社，1999：112-113.
[②] 张美芳.论两种不同层次的翻译教学[J].外语与外语教学，2001（5）：37-39.

（二）以语言对比为基础

翻译教学的基础在于对英汉语言进行对比，这一点在英语学习过程中就可以体会出。在英语学习的初级阶段，学生应该知道如果学习与英语环境脱离，他们常常会本能地说汉语。但是，如果他们积累了一定的词汇量，则会将英语不自觉地说出来。在这一过程中，必然会对英汉语言进行对比分析，如词序、句子衔接、重心位置等。英汉语言中的同中有异、各有不同的对比，能够让学生克服母语对翻译的干扰，从而更有助于译者对源语的理解和表达。例如，在词序方面，英语和汉语的词序往往不同，这就需要学生在翻译过程中应能够灵活处理，使译文通顺易懂。在句子衔接方面，英语和汉语的句子结构有很大差异，这需要学生在翻译时应考虑到这种差异，使译文能够流畅地表达源语的含义。在重心位置方面，英语和汉语的重心位置也存在差异，这就需要学生在翻译时应考虑到这种差异，使译文能够准确地传达源语的信息。

通过对英汉语言进行对比分析，可以帮助学生更好地理解英语语言的特点和规律，从而提高他们的翻译能力。同时，这种对比分析也有助于学生更好地掌握英语语言的表达方式，使他们能够更好地理解和表达源语的含义。此外，通过对英汉语言进行对比分析，还可以帮助学生更好地理解翻译的过程和方法，使他们能够更好地进行翻译实践。

（三）以翻译技巧为主干

在翻译教学中，翻译技巧的地位举足轻重，具体表现如下。

首先，在翻译教学中，教师应着重强调翻译技巧的重要性。让学生明白，翻译并非简单地从一种语言转换为另一种语言，而是在充分理解源语的基础上，运用恰当的翻译技巧将意义准确地表达出来。为此，学生需要掌握一定的翻译技巧，以便在实际翻译过程中灵活应对各种问题。

其次，在翻译实践环节，教师要引导学生运用所学的翻译理论和技巧进行实际操作。在这一过程中，学生可通过翻译实践来检验翻译理论的学习成果，并在实际操作中发现自身在翻译技巧方面的不足。通过不断实践与反思，学生可以逐步提高自身的翻译水平。

再次，翻译教学应注重培养学生的跨文化交际能力。因为在翻译过程中，学生不仅要准确地传达源语的意义，还要考虑目的语的文化背景，使翻译作品在目的语文化中得以顺利传播。因此，教师应引导学生学习不同文化背景下的翻译技巧，提高跨文化交际能力。

最后，翻译教学要关注学生的个性化发展。每名学生在翻译技巧方面的发展速度和兴趣点不尽相同，教师应因材施教，针对学生的特点进行有针对性的指导。此外，教师应鼓励学生参与各类翻译竞赛和实践活动，以提高其翻译能力，并培养良好的团队合作精神。

（四）以综合分析为手段

在翻译实践中，学生经常会遇到这样一种现象：对于同一句话，不同的译者可能会采用不同的翻译方法，从而呈现多种译文。然而，经过仔细比较发现只有一两种译文较为恰当。这就要求学生在翻译过程中运用综合分析的方法，以选出最合适的译文。

所谓的综合分析，就是要求学生在翻译时要从整体和系统要素出发，将各个部分有机地联系起来。就好像是把一个个独立的点连成一条条线，再把线条汇集成为一个面，最终形成一个立体化的整体。在这一过程中，需要运用静态与动态分析法对译文进行深入观察和分析，透过现象看到本质，揭示原文的本来面目。[①]

首先，从整体出发，学生需要对原文进行全面把握，理解其主旨和内涵。只有做到了这一点，才能确保翻译出来的译文不偏离原文的含义。同时，学生还需要关注原文的文体、风格和修辞手法，以便在翻译时尽量保持这些特点。

其次，系统要素的分析至关重要。学生要关注原文中的各个组成部分，弄清楚它们之间的关系和作用。在这一过程中，学生要注意原文中的关键词

---

① 何少庆.英语教学策略理论与实践应用[M].杭州：浙江大学出版社，2010：174.

和句式，确保翻译时能够准确地传达原文的信息。此外，学生还需要了解原文所涉及的文化背景和语境，以避免在翻译过程中产生误解。

再次，连点成线、集线成面的过程要求学生在翻译时，将原文中的各个部分有机地连接起来，形成一个完整的整体。这就需要学生在翻译过程中注意句子与句子之间的逻辑关系和衔接方法。只有做到这一点，译文才能呈现出一种流畅、自然的表达。

最后，动态与静态分析法的运用是揭示原文本质的关键。在翻译过程中，学生要关注原文中的变化和不变之处，从动态和静态两个角度对译文进行审视。这样学生才能更好地把握原文的实质，翻译出更加贴近原文含义的译文。

（五）以课堂教学为载体

在翻译教学中，课堂教学被视为主要的教学方式，因为它为教师提供了一个直观、互动的平台，使教师能够通过教材讲解，对翻译的基础知识和基本技能有深入的理解和掌握。具体来说，翻译课堂教学主要包括以下几个环节。

（1）教师讲解环节。教师在讲解过程中，可以利用教材对翻译的基础知识、基本技能进行深入讲解，如英汉语言对比、翻译技巧等。在这一过程中，教师应该注重对译例的分析，通过分析译例，让学生从对翻译的感性认识上升为对翻译的理性认识。此外，教师还应该对翻译技巧进行详细的解释和解读，为学生提供具体的指导，从而帮助学生更好地理解和掌握翻译技巧。

（2）范文赏析环节。教师应该选取一些经典的翻译作品，让学生在课堂上进行赏析。通过赏析范文，学生可以感受其中的优美语句，同时还能掌握其中的翻译技巧，并在自己的写作中进行模仿。这样学生在欣赏范文的过程中，不仅可以提高自己的翻译水平，还可以培养自己的审美情趣。

（3）译文对比环节。教师应引导学生对一个原文的多个译文进行对比，让学生体会不同译文的优劣，并从中揣摩不同译者的语言及风格，吸取优美的佳作。通过译文对比，学生可以更加深入地理解翻译的复杂性和多样性，提高自己的翻译水平。

（4）学生练习环节。在整个翻译课堂教学中，学生练习都应该得到充分的重视。教师应该让学生进行自主练习，以更好地掌握教师课堂上所教授的翻译理论。同时，教师还应该对学生的练习进行指导和评价，以帮助学生发现自己的不足，并加以改进。

（5）练习讲评环节。当学生完成练习后，教师应该对练习进行讲评。在讲评过程中，教师应该对练习中的翻译问题进行详细的分析和解读，并侧重于翻译具体问题的讲解，而不要过于纠结翻译中的细枝末节。这样学生可以更好地理解和掌握翻译技巧，提高自己的翻译水平。

第二节 高校英语翻译教学的内容与现状

在我国，高校英语翻译教学在过去的几十年中得到了迅速的发展，培养了大量高水平的英语翻译人才。本节将探讨高校英语翻译教学的内容与现状。

一、翻译教学的内容

（一）语言知识

语言学习是一项复杂而艰巨的任务，尤其对于学习两种截然不同的语言来说更为复杂。在这一过程中，学生需要深入研究目标语言和源语言的各个方面，包括语法、词汇、发音、语音识别、语篇分析等。这些基础知识是翻译实践的基石，只有掌握了这些知识，学生才能在实际翻译中游刃有余。

其中，语法是任何语言的基础，它规定了语言的结构和表达方式。在学习两种语言的过程中，学生需要了解和掌握各种语法规则，包括动词时态、名词词性、句子结构等。只有当学生对两种语言的语法有了扎实的了解，他们才能在翻译过程中准确地表达原文的含义。

词汇是语言的建筑材料，没有丰富的词汇就无法清晰地表达思想和情感。学生需要通过阅读、听力、口语等途径，不断积累两种语言的词汇，以便在翻译时能够准确地传达原文的信息。此外，学生还应该学习词汇的用法和搭配，以便在实际翻译中避免出现歧义。

发音和语音识别是语言学习的重要方面。发音是语言的表象，它直接影响到信息的传递和沟通。学生需要通过模仿、练习等方式，掌握两种语言的发音规则和技巧。同时，语音识别能力也是必不可少的，因为它可以帮助学生在听到语言时能够迅速地理解和解析。

语篇分析是对语言的整体理解和把握，它涉及句子与句子之间的关系、段落结构、文章主旨等。在翻译过程中，学生需要从整体上把握原文的脉络，准确地捕捉到作者的意图。通过学习两种语言的语篇分析，学生可以更好地理解原文，从而在翻译时做到忠实于原文。

（二）文化素养

在进行跨文化交流和翻译时，了解目标语言国家和地区的文化背景、历史、地理、风俗习惯等至关重要。这是因为文化背景知识可以帮助学生更好地理解原文中的隐含意义和语境，从而在翻译过程中准确地传达原文的文化内涵。

1.文化背景

每个国家和地区都有其独特的历史、地理、宗教和价值观。了解这些背景知识有助于译者洞悉原文中的文化内涵。例如，一些词语和表达方式在不同的文化背景下可能有不同的含义。只有了解这些背景知识，学生才能在翻译时准确地传达原文的意义。

2.历史

历史是文化形成的基础。了解目标语言国家的历史演变，可以帮助学生更好地理解原文中所涉及的事件、人物和时期。此外，不同时期的历史背景也会对词汇、语法和表达方式产生影响。因此，熟悉目标语言国家的历史对于准确翻译原文具有重要意义。

3.地理

地理环境对一个国家和地区的文化有着深远的影响。了解目标语言国家的地理特点，如气候、地貌、自然资源等，有助于学生更好地理解原文中与地理环境相关的描述和表达。同时，地理环境也会影响到人们的生产方式、生活习惯和思维方式。掌握这些信息有助于学生在翻译过程中能更好地传达原文的文化内涵。

4.风俗习惯

风俗习惯是文化的重要组成部分。了解目标语言国家和地区的风俗习惯，可以使学生更好地理解原文中的礼仪、风俗和行为规范。例如，在一些文化中，特定的礼仪和习俗在不同的场合有不同的表现形式。只有熟悉这些风俗习惯，学生才能在翻译时准确地传达原文的意义。

（三）翻译技巧

在翻译过程中，学生需要掌握各种翻译技巧，以提高翻译质量和效果。其中包括词义选择、句子结构调整、语境转换以及修辞手法的处理等。只有通过熟练运用这些技巧，学生才能在翻译过程中准确地传达原文的含义，同时确保译文通顺、自然。

（1）词义选择。由于不同语言之间存在词汇空缺和词义差异，学生在翻译时需要根据上下文选择合适的词汇，以确保译文的准确性和地道性。此外，学生还需要注意词汇的搭配和词性，以避免译文中出现不符合语法和习惯的表达。

（2）句子结构调整。由于不同语言的句子结构存在差异，学生在翻译时需要对原文的句子结构进行调整，使其符合目标语言的语法和表达习惯。这包括主从句的转换、语序的调整以及成分的增删等。通过合理的句子结构调整，学生可以提高译文的流畅性和可读性。

（3）语境转换。学生在翻译时需要充分考虑原文的语境，包括文化背景、历史语境和交际语境等。在翻译过程中，学生需要将原文的语境转换为符合目标语言文化背景的表达，以便读者更好地理解和接受译文。

（4）修辞手法的处理。修辞手法包括比喻、拟人、夸张等多种形式。学生在翻译时需要根据原文的修辞手法进行相应的处理，既要保持原文的修辞效果，又要使译文符合目标语言的修辞规范。通过恰当的修辞手法处理，学生可以提升译文的文学价值和审美效果。

（四）实践能力

翻译实践在培养学生的翻译能力方面起着至关重要的作用。通过大量的翻译实践，学生可以在不同类型文本和不同场景下提高自己的翻译技能。实践内容多样化，包括文学翻译、商务翻译、同声传译、影视字幕翻译等，旨在全面提升学生的翻译素养。

首先，文学翻译可以帮助学生深入理解原文作者的意图、风格和修辞手法。在翻译过程中，学生需要充分挖掘文化背景和语境，使译文既忠实于原文，又具有艺术性。通过文学翻译实践，学生可以提高自己的文字表达能力，更好地传达原文的情感和审美价值。

其次，商务翻译侧重于商业领域的专业知识和术语，如经贸、金融、法律等。学生在进行商务翻译时，需要掌握相关领域的专业词汇和表达，同时注意语言的准确性和流畅性。通过商务翻译实践，学生可以提升自己在商业交流中的翻译能力，为我国企业"走出去"提供语言支持。

同声传译是翻译领域的一项关键技术，要求译者在短时间内快速理解、分析和传达原文信息。同声传译实践可以锻炼学生的反应速度、信息处理能力和心理素质。通过这项实践，学生可以在国际会议、商务活动等场合为社会各界提供高质量的翻译服务。此外，影视字幕翻译实践能够帮助学生熟悉各种影视作品的风格和表现手法，以及地道的生活用语和俚语。在翻译过程中，学生需要把握好语境和文化差异，使译文既符合原剧情感，又能让观众产生共鸣。通过影视字幕翻译实践，学生可以提高自己在文化传播和跨文化交流中的翻译能力。

(五)批判性思维

在当今全球化的时代,翻译成为跨文化交流的重要工具。然而,仅仅掌握翻译技巧是远远不够的,更重要的是培养学生对翻译作品进行批判性思考的能力,其中包括检查错误、评估翻译质量、不断提高自身翻译水平等方面。

首先,培养学生检查翻译作品中的错误是非常重要的。翻译中出现的错误可能源于多种原因,如对原文理解的偏差、文化背景知识的不足等。学生应学会从词汇、语法、语义等角度对翻译作品进行细致审查,以确保翻译的准确性和完整性。此外,学生还应掌握一定的纠错方法,如对照原文、请教同行或查阅相关资料等。

其次,评估翻译质量是培养学生批判性思维的关键环节。评估翻译质量不仅要求学生具备扎实的翻译基本功,还要求他们具备较高的语言素养和跨文化交际能力。学生应学会从以下几个方面对翻译作品进行评估。

忠实性:翻译作品是否忠实于原文,有无篡改、删减或增添内容的现象?

准确性:翻译作品中的词汇、语法和句式是否准确?

流畅性:翻译作品的语言表达是否通顺、自然?

文化适应性:翻译作品在目标语言文化中是否具有可接受性?

风格一致性:翻译作品是否保持了原文的风格特点?

最后,培养学生不断提高自身翻译水平是批判性思维的延伸。学生应认识到翻译是一项不断进步的过程,只有通过不断学习、实践和反思,才能提高翻译水平。具体方法包括:深入研究翻译理论,掌握不同翻译流派的特点和优缺点;学习和借鉴优秀翻译作品,吸收其成功经验;参与翻译实践活动,积累实战经验;及时关注翻译行业动态,了解新兴领域的发展趋势;建立自己的翻译团队或与同行合作,互相学习、共同进步。

（六）协作能力

翻译工作往往需要团队协作，这是因为翻译任务的复杂性和多样性使单一的个体难以胜任。在这一过程中，学生需要学会与他人合作，共同完成翻译项目。这种团队协作的能力对于翻译专业的学生来说尤为重要，因为它不仅能够提高翻译的质量和效率，还能够帮助他们培养良好的人际沟通和协同工作的能力。

在翻译工作中，团队成员之间需要相互信任、支持和配合，以实现共同的目标。通过团队协作，成员可以互相学习、交流和分享经验，从而提高个人的翻译水平和专业素养。此外，团队协作还能够帮助学生更好地应对各种突发情况，如紧急任务、困难词汇和复杂语境等，确保翻译项目的顺利进行。

学生需要在团队协作中培养良好的人际沟通技巧。在翻译过程中，团队成员之间需要进行频繁的沟通与交流，以确保翻译的一致性和准确性。这就要求学生具备良好的倾听、表达和协调能力，以便在团队中发挥积极作用。学生还需要学会尊重和理解他人，以建立和谐的工作氛围，提高团队的整体凝聚力。

另外，团队协作还能够帮助学生锻炼团队领导和组织能力。在翻译项目中，学生有机会担任不同的角色，如项目经理、翻译员、审校等。通过这些角色扮演，学生可以学会如何组织和协调团队，以确保项目的顺利完成。而且，团队协作还有助于学生培养解决问题的能力，因为在面对困难和挑战时，团队成员需要共同努力，寻求最佳的解决方案。

（七）信息技术

在当今信息时代，现代信息技术在翻译领域的应用越来越广泛，极大地提高了翻译工作的效率。利用计算机辅助翻译软件、网络资源和数据库等工具，不仅能够简化翻译过程，提高翻译质量，还能拓宽翻译人员的知识体系，使他们在短时间内掌握更多领域的专业知识。

首先，计算机辅助翻译软件（CAT）已成为翻译行业的重要工具。这些软件能够实现翻译记忆、术语管理、机器翻译等功能,帮助学生在翻译过程中自动检索和替换重复翻译的文本,减少翻译错误,提高翻译效率。此外,CAT软件还可以实现多人协同翻译,使学生在合作过程中共享翻译资源,提高翻译质量和速度。

其次,网络资源为翻译提供了丰富的参考资料。通过搜索引擎,学生可以快速找到与翻译内容相关的背景信息、专业知识和术语,从而提高翻译的准确性。此外,在线翻译论坛、社群和专家咨询等平台也为学生提供了实时交流、学习和解决问题的机会,有助于提高翻译水平。

最后,数据库在翻译过程中的应用也不可忽视。各种专业数据库、百科全书、学术论文等资源为学生提供了详实的资料,有助于确保翻译内容的准确性和权威性。同时,数据库中的双语或多语资源还能帮助学生解决词汇、语法和表达方面的难题,提高翻译质量。

(八)职业道德

在当今全球化时代,翻译行业日益繁荣,培养具有专业素质和良好职业道德的翻译人才至关重要。培养学生遵循翻译行业的职业道德规范,包括保护知识产权、尊重原作者权益、严守商业机密等方面,这些都是翻译从业者必须重视和严格遵守的原则。

(1)保护知识产权。在翻译过程中,译者会遇到各类作品,如文学作品、学术论文、专利文件等。这些作品都受到知识产权法律法规的保护。因此,翻译人员在翻译过程中要充分认识到知识产权的重要性,尊重原作者的创意和智慧,确保在翻译过程中不侵犯他人的知识产权。

(2)尊重原作者权益。原作者在创作过程中付出了大量的心血和时间,他们的权益应当得到充分保障。在翻译过程中,译者要尊重原作者的署名权、修改权等,确保在翻译成果中体现原作者的权益。此外,译者在接受翻译任务时,应与原作者或权利人签订合同,明确翻译任务的权益归属,以防发生纠纷。

(3)严守商业机密。在商业翻译中,译者可能会接触到企业的商业计划、市场调研数据等敏感信息。这些信息对企业的竞争力具有重要意义,因此译者在翻译过程中要有强烈的保密意识，严守商业机密，不得泄露给第三方。

此外，翻译行业的职业道德还包括诚实守信、严谨负责、尊重文化差异等方面。诚实守信是翻译从业者的基本素质，要求译者在翻译过程中诚实守信，不抄袭、不剽窃、不虚构。严谨负责要求译者在翻译过程中严谨对待每一个词句，确保翻译质量。尊重文化差异则要求译者在翻译过程中充分了解和尊重不同文化背景下的习俗和规范，避免在翻译中产生文化冲突。

（九）持续发展

培养学生的自主学习能力和终身教育观念，使他们在翻译领域不断拓展，适应社会发展的需求，这是教育工作的核心目标之一。在当今世界，翻译行业的发展日新月异，对从事这一行业的人才要求也越来越高。因此，必须立足于培养具备自主学习能力和终身教育观念的翻译人才，让他们在不断变化的社会环境中始终保持竞争力。

首先，培养学生的自主学习能力至关重要。在翻译领域，新的技术和工具层出不穷，只有具备自主学习能力的人才能够不断掌握新技术，提高自己的专业素养。学校应为学生提供丰富的学习资源和实践机会，让他们在实际操作中不断积累经验，提高自己的翻译水平。同时，学生本身也要树立自主学习的意识，积极主动地参与到学习过程中，形成适合自己的学习方法。

其次，培养学生的终身教育观念同样重要。随着社会的发展，翻译行业的分工越来越细，人才需求也越来越多样化。具备终身教育观念的人才能够认识到学习是一个持续的过程，不仅在校园里，而是在人生的每一个阶段都要不断充实自己，以适应社会发展的变化。这意味着学生要树立崇高的教育理念，把学习作为一种生活方式，始终保持对新知识的好奇心和探索精神。在这个过程中，学校要创造良好的学习氛围，让学生感受到学习的乐趣和价值。同时，通过举办各类讲座、研讨会等活动，引导学生关注行业发展动态，激发他们的学习兴趣。此外，学校还应加强与企业、行业协会的合作，为学生提供更多的实践机会，让他们在实际工作中体验到学习翻译的成就感。

（十）跨学科知识

翻译教学作为一门跨学科的综合性课程，旨在培养具备专业翻译技能和全面素质的人才。为了实现这一目标，翻译教学应当覆盖与翻译密切相关的多个学科领域，如文学、社会学、心理学、政治、经济等。通过将这些学科知识融入翻译教学，可以有效提高学生的综合素质，使他们更好地适应社会发展的需要。

（1）文学知识。在文学领域，学生需要掌握不同国家和地区的文学特色、风格和流派，以便在翻译过程中能够准确地传达原文的情感和意境。同时，学习文学也有助于提高学生的审美能力和文化素养，使他们能够更好地理解和尊重不同文化背景下的翻译需求。

（2）社会学和政治学领域的知识。了解各国政治制度、社会风俗和历史文化背景，有助于学生在翻译时准确把握政治性和敏感性较强的文本。此外，社会学知识还能帮助学生更好地理解社会现象，从而在翻译中更好地传达原文的社会意义。

（3）心理学领域的知识。掌握心理学原理，有助于学生更好地把握译文读者的心理需求，提高翻译的接受度和满意度。同时，心理学知识还可以帮助学生在面对复杂和困难的翻译任务时，保持良好的心态和信心。

（4）经济学领域的知识。在全球化背景下，经济交流已成为各国间不可或缺的纽带。掌握经济学基本理论和实践经验，有助于学生在翻译经济类文本时更加准确、高效地传达相关信息，为我国经济发展和国际合作贡献力量。

二、翻译教学的现状

（一）教师的教学现状

在英语翻译教学过程中，就教师方面而言，存在的问题主要有以下几点。

1.一言堂

传统的翻译教学模式,以"教师+粉笔"的"一言堂"为主要特征,其教学过程通常呈现出课堂气氛沉闷、学生参与度低、教学效果不佳等问题。这种教学模式与"以学生为中心"的教学目标及要求背道而驰,因此有必要对其进行改革。

"以学生为中心"的教学目标要求教师在教学过程中要充分尊重学生的个体差异,关注学生的需求,调动学生的积极性和主动性,引导学生自主地发现并解决问题。这一要求强调的是教学过程的互动性和参与性,旨在通过学生的积极参与,提高教学效果。

然而,传统的翻译教学模式却未能满足这一要求。在这种模式下,教师通常扮演着主导者的角色,学生则扮演着被动接受者的角色。教师通过讲解、示范等方式,向学生传授翻译技巧和方法。在这一过程中,学生往往缺乏主动思考和积极参与的机会,课堂气氛也因此变得沉闷。

2.师资力量薄弱

在当前的英语教学环境中,教师队伍的构成和能力水平对于教学质量有着重要影响。在翻译教育领域,教师的专业背景和翻译实践经验往往直接关系到教学效果。然而,我国英语教学中的教师大多并非来自翻译专业,而是综合类教师。这一现象使翻译理论和翻译技巧的掌握程度成为影响教学质量的关键因素。

首先,教师的专业背景决定了他们的知识结构和教学能力。翻译专业毕业生通常接受过系统而全面的翻译理论培训,对于翻译的基本原则、方法和技巧有着深入的理解和实践。综合类教师往往缺乏这样的专业背景,他们在翻译领域的知识和技能相对较弱。这使他们在教学过程中,很难对翻译理论和技巧进行深入讲解,也难以对学生进行有效的指导。

其次,教师的社会实践经验对于教学质量的影响也不容忽视。翻译专业毕业生在毕业后往往会直接进入翻译行业,进行大量的实践操作。这使他们对于翻译的实际情况有着深入的了解,能够更好地将理论应用于实践。综合类教师在毕业后往往与社会严重脱节,他们对于翻译行业的实际情况缺乏了解，因此在教学过程中很难对学生进行有效的实践指导。

此外，教师的教学态度和教学方法也会对教学质量产生重要影响。如果教师对翻译教学缺乏热情和投入，或者教学方法单一、陈旧，那么学生很难在他们的指导下获得系统的翻译训练。如果教师能够积极地投入教学，采用多样化的教学方法，那么学生就能够更好地接触到系统的翻译训练。

3.教学针对性不强

在英语翻译教学中，教师往往更关注语言本身的学习和应用，而较少针对学生的具体专业进行教学。这是一个普遍现象，因为在大班课堂上，学生人数众多且来自不同的专业，所用的教材都是相同的。所以，教师通常不会根据学生的专业背景进行教学，课堂内容也与专业无关。然而，这样的教学方式对学生的翻译实践训练造成了较大的影响。

由于教师没有针对学生的专业进行教学，学生的翻译实践训练相对不足。翻译实践训练是提高学生翻译水平的关键，只有通过大量的实践，学生才能更好地掌握翻译技巧，提高翻译质量。如果教师没有针对学生的专业进行教学，学生的翻译实践训练就可能相对不足，这就给学生的翻译实践能力带来了较大的影响。

4.不够重视翻译教学工作

如今，在我国很多高等学府中，翻译课程并未受到应有的重视。即便有少数学校开设了翻译课程，课时的设置也相对较少，教学质量难以得到保障。在这种情况下，许多教师在教学过程中往往只是草草了事，将翻译练习视为一种辅助手段，用以巩固学生的单词和句型。

这种现象的出现主要是因为一部分教师对翻译课程的认识存在误区。他们认为，翻译仅仅是词汇和语法练习的一个平台，而非提高学生翻译水平的有效途径。因此，在教学过程中，翻译练习往往被视为附带品，而非重点培养学生的翻译技能。然而，这种观念导致的后果却是严重制约了学生翻译能力的提升。在实际应用中，翻译涉及的不仅仅是单词和语法，还有文化背景、思维方式等多方面的因素。仅仅依靠词汇和语法的积累是无法满足翻译需求的，长此以往，学生的翻译能力普遍较低，无法适应社会对翻译人才的需求。

（二）学生的学习现状

在翻译教学过程中，学生这一要素占据了至关重要的地位。因为学生的认知水平、语言能力、兴趣爱好和文化背景等方面的差异，他们在翻译教学中存在的问题也表现出多样性和复杂性。以下几个方面是学生在翻译教学中常见的问题。

1."的的不休"

学生在翻译实践中，经常过于频繁地使用"的"字。只要一见到形容词，就不假思索地将其翻译成"……的"，结果导致译文烦冗、啰唆，可读性差。这种现象并非个别，而是很多学生翻译时的通病，这种过度使用"的"字的现象，主要源于学生对汉语和英语语法的理解不深，以及对汉语表达习惯的陌生。

2.长句处理不当

在英语学习中，长句的翻译一直是学生面临的难题。这是因为英语中长句的出现频率较高，而学生在翻译这些长句时，往往难以胜任将长句中的短语、前置词、定语从句等成分转译为分句的技巧。这种情况导致译文中的句子结构过于复杂，充满了学生不习惯的外语式长句，从而影响了阅读的流畅性和理解。很多学生在长句处理上出现困难，主要源于他们对英语语法和句法的理解不够深入，以及对英语表达习惯的陌生。

3.翻译模式固定

学生在翻译过程中往往容易陷入固定的翻译模式，缺乏创新意识。他们可能会过于依赖某种翻译方法，而忽视了翻译的多样性和灵活性。这种固定的思维模式可能会导致翻译作品缺乏独特性，影响翻译的质量和效果。

4.不善于增减词汇量

在翻译过程中，词汇的选择和运用是非常重要的。然而，许多学生往往在翻译过程中过于追求词汇的准确性和丰富性，忽视了增减词汇量的必要性。这种现象可能会导致翻译作品在表达上过于生硬，影响翻译的流畅性和可读性。

5.方言和口语词汇使用频繁

学生在翻译过程中，可能会不恰当地使用方言和口语词汇，会导致翻译作品在表达上产生歧义，影响翻译的准确性和可信度。

第三节 高校英语翻译教学的理论依据

高校英语翻译教学作为培养具备良好英语翻译能力人才的重要途径，其理论依据显得尤为重要。本节将从以下几个方面探讨高校英语翻译教学的理论依据。

一、翻译学理论

翻译学是一门深入研究翻译现象、规律及方法的学科，为翻译教学提供了重要的理论基石。在这一领域中，翻译学理论涵盖了翻译的本质、原则、过程、类型以及评价等多个方面，为翻译实践和教学带来指导意义。

从本质上说，翻译是跨越语言与文化的信息传递。翻译的本质体现在它是一种跨越语言与文化的信息转换活动。在这一过程中，信息传递者需充分理解原语文化，同时将原信息准确地传递给目标语言文化受众。在这个过程中，译者需要具备扎实的语言功底、丰富的文化知识以及高超的翻译技巧。

翻译中要求坚持忠实、可读与可接受原则。翻译原则是确保翻译质量的关键，主要包括忠实性、可读性和可接受性。忠实性要求译者忠实于原文内容，准确地传达作者的意图；可读性强调译文在目标语言文化中要具备良好的阅读效果，让读者感受到译文的流畅与自然；可接受性则要求译文在目标语言文化中能够被接受和理解。

翻译的过程包括分析、转换与评价。翻译过程可以分为三个阶段：分析、转换和评价。分析阶段要求译者对原文进行深入理解，把握文章的主题、结构和风格；转换阶段是将原文语言转化为目标语言的过程，要求译者运用翻译技巧，使译文在语言和风格上与原文保持一致；评价阶段是对译文质量的检验，包括语言表达、文化适应等方面。

翻译的类型繁多，主要包括文学翻译、商务翻译、法律翻译等。文学翻译要求译者在保持原文风格和意境的基础上，充分传达作者的情感和思想；商务翻译侧重于商业文件、广告、产品说明等领域的翻译；法律翻译则涉及法律文件、合同、法规等方面的翻译，要求译者具备严谨的法律素养。

另外，翻译关注译文质量和译者水平。翻译的评价主要侧重译文质量、译者水平等方面。评价译文质量时，需从译文的准确性、流畅性、文化适应性等角度进行衡量；评价译者水平则需综合考虑其语言能力、文化素养、翻译经验等因素。

二、语言学理论

语言学是一门深入探究语言现象、规律和方法的学科，它在高校英语翻译教学中发挥着至关重要的理论支撑作用。作为一门颇具深度的学科，语言学涉及诸多领域，包括语言的结构、功能、习得、变异等各个方面。

语言结构是指语言的基本组成部分，包括语音、词汇和语法等要素。语音是语言的外在表现，词汇是语言的基本单位，而语法则规定了词汇组合的规则。这三个部分相互交织，共同构成了语言的骨架。

语言作为人类最重要的沟通工具，具有表达、交流和思维等多重功能。人们通过语言表达自己的想法和情感，交流彼此的信息和观点，从而实现人际互动。此外，语言还是人类思考和认知的基础，离开了语言，思维将无法进行。

语言习得是指人们如何掌握和使用语言的过程。一般来说，语言习得包括接触、模仿、练习等多个阶段。在这一过程中，学习者通过与语言环境互动，逐步掌握语言规则，并运用所学知识进行实际沟通。

语言作为一种社会现象，是不断发展变化的。语言变异是指在历史演变过程中，语言在语音、词汇、语法等方面产生的变化。这些变化可能是自然的演变，也可能是人为的改革。然而，无论变化如何，它们都是语言发展的驱动力。

三、教育学理论

教育学是一门深入探讨教育现象、教育规律以及教育方法的学科，它是高校英语翻译教学的重要理论依据。教育学理论体系广泛而丰富，涵盖了教育的本质、教育目的、教育原则、教育模式等多个方面，为教育实践提供了有力的理论支持。

教育的本质是一种有目的、有计划、有组织的社会活动，旨在促进个体全面发展。教育作为一种特殊的社会活动，其核心价值在于培养具备全面发展的人才，为社会的进步和发展提供有力的人力资源支撑。

教育目的是培养全面发展的人才，提升个体综合素质。教育目的是教育的出发点和归宿，它确立了教育的方向，明确了教育的内容，同时也影响着教育的评价。全面发展的人才应具备扎实的文化素养、创新精神和实践能力，以适应不断变化的社会需求。

教育中要遵循因材施教、启发式教育、量力而行等原则，实现个性化教育。教育原则是教育过程中必须遵循的基本准则，它们旨在创造一个公平、公正、有利于个体成长的教育环境，使每名学生都能在这种环境中得到充分的发展。

教育模式包括班级授课制、个别教学制、研究性学习制等，多样化教育模式满足不同需求。教育模式是教育实践的具体形式，它们根据教育目标、教育原则以及教育资源的实际情况而有所不同。多样化的高等教育模式为学生提供了更为丰富多样的学习机会，有助于学生提高教育质量。

四、心理学理论

　　心理学是一门深入探究人类心灵世界的学科，它旨在揭示人类心理活动的各种现象、规律和实践方法。作为一门基础性、综合性极强的学科，心理学为我国高校英语翻译教学提供了坚实的理论支撑。

　　心理学的研究范围广泛，包括心理的结构、功能、发育和发展等多个方面。在这里，心理的结构是指人的心理是由认知、情感、意志等心理过程共同构成的。认知、情感和意志三个过程相互影响、相互补充，共同塑造了人的心理面貌。认知过程涉及人对客观世界的认识和理解，情感过程则反映人在面对不同情境时的情绪体验，而意志过程则体现在人对自己行为的调节和控制上。

　　心理功能是指心理在适应、调节和控制等方面所发挥的作用。人处在复杂多变的环境中，心理功能可以帮助人们更好地适应环境，调整心态，应对生活中的挑战。同时，心理功能也在一定程度上影响着人的认知、情感和意志过程，使这三个过程能够在面对不同情境时相互协调、共同应对。

　　心理发育是指人在生命周期中从出生到成熟所经历的心理变化。这一过程受到生物、心理和社会等多方面因素的影响。例如，婴儿期的大脑发育、儿童期的性格形成、青少年期的心理叛逆等，都是心理发育的不同阶段。在这些阶段中，个体需要在不断地尝试、摸索中积累经验，形成稳定的心理特征。

　　心理发展是指人在成长过程中所遵循的心理发展规律。心理发展具有阶段性、顺序性和累积性等特点。从婴儿期到老年期，人的心理发展经历了认知、情感、意志等多个阶段。在每个阶段，个体都需要面对不同的发展任务，如学习、就业、人际关系等。通过完成这些任务，个体逐渐形成健全的心理素质，为下一阶段的发展奠定基础。

五、跨文化交际理论

跨文化交际，作为一门研究不同文化背景下人们交际活动的学科，在我国高校的英语翻译教学中发挥着至关重要的理论指导作用。该学科涉及的范围广泛，包括跨文化交际的本质、原则、过程、评价等多个方面。

跨文化交际并不仅仅是简单的信息交流，它更是一种深度的信息传递和互动过程。在这一过程中，信息的发出者和接收者需要通过一定的语言和非语言手段来沟通，以便达到相互理解和认同的目的。

跨文化交际的原则包括尊重、理解和适应。尊重意味着尊重他人的文化背景和价值观，避免因文化差异而产生的冲突。理解是指在交际过程中，要努力理解对方的文化特点和思维方式。适应则是指在面对不同文化时，能够灵活调整自己的交际策略，以适应各种交际环境。

跨文化交际的过程大致可以分为三个阶段：信息输入、信息处理和信息输出。在信息输入阶段，交际者需要从对方的文化背景和语境中获取信息；在信息处理阶段，交际者要对获取的信息进行理解和分析；在信息输出阶段，交际者要将理解后的信息以适当的方式传达给对方。

评价跨文化交际的有效性和适应性是至关重要的。有效性的评价主要看交际是否达到了预期的目的，适应性则体现交际者在面对不同文化时能否灵活调整自己的交际策略。

跨文化交际作为高校英语翻译教学的重要理论依据，涉及诸多方面，包括本质、原则、过程和评价。深入研究这些方面，有助于我们更好地理解和应对跨文化交际中的各种挑战，从而提高我们的跨文化交际能力。

第四节　高校英语翻译教学的常见方法

一、明确翻译教学先导

在进行大学英语翻译教学之前，必须明确教学的先导，这是培养英语翻译人才的关键。翻译教学不仅仅是传授知识，更重要的是要注重实用性和科学性，让学生真正掌握翻译的技巧和方法。因此，需要深入研究和探讨教学的先导，以确保教学能够达到预期的目标。

翻译理论在翻译教学中的重要性不容忽视，它就像是引领翻译学习的指南针。因此，在我国的高校英语翻译教学中，必须高度重视翻译理论的指导作用。然而，当我们纵观当前林林总总的翻译理论时，会发现它们存在着学派繁多、理论复杂的问题。如果将这些理论不加筛选地全部纳入教学，不仅影响教学效果，还会引导翻译人才培养走向错误的方向。

在翻译教学实践中，需要对这些问题有清晰的认识，以便在教学过程中找到合适的平衡点。一方面，要引导学生深入了解翻译理论，掌握各种翻译方法，提高翻译水平；另一方面，也要注重培养学生的实践能力，使他们能在实际翻译工作中灵活运用所学知识，解决实际问题。

此外，还应关注翻译领域的最新动态和发展趋势，不断更新教学内容，以适应社会对翻译人才的需求。同时，鼓励学生积极参与实践活动，如参加翻译比赛、为企业提供翻译服务等，以便在实践中不断总结经验，提高自己的翻译能力。

在高校英语翻译教学实践中，既要重视翻译理论的指导作用，又要关注其实际应用，切实培养学生的翻译能力。只有这样，才能培养出既具备扎实理论基础，又有较强实践能力的翻译人才，为社会的发展作出贡献。

二、夯实翻译教学基础

在翻译教学中，了解翻译教学基础的重要性是至关重要的。然而，在深入探讨教学实践之前，必须首先对翻译教学基础的教学重点有清晰的认识。

在英汉两种语言中，尽管它们分别属于印欧语系和汉藏语系，但在实际使用中，它们各自具有独特性和差异性。这种差异性主要表现在以下几个方面。

首先，信息中心安排不同。英语作为一种主谓宾结构的语言，信息中心通常位于句子的主语部分。在汉语中，信息中心位于句子的谓语部分。这种信息中心安排的不同，使英汉两种语言在表达方式上产生了显著的差异。

其次，词汇的顺序不同。英语的词汇顺序通常是主语—谓语—宾语，而汉语的词汇顺序通常是主语—谓语—宾语或者主语—宾语—谓语。这种顺序上的差异，使英汉两种语言在表达意思时，可能会出现细微的差别。

最后，连接方式的不同。英语中的连接词主要包括连词和介词，而汉语中的连接词主要包括连词和副词。连词在英语中主要用于连接两个独立的句子，在汉语中主要用于连接词组或者短语。副词在英语中主要用于修饰动词、形容词或者副词，在汉语中主要用于修饰名词或者形容词。这种连接方式的不同使英汉两种语言在表达方式上产生了明显的差异。

三、丰富翻译教学手段

在高校英语翻译教学中，教学手段主要侧重于分析综合。翻译是一项复杂的工作，需要学生对原文进行深入理解，并对不同译法进行比较和选择。在实际的翻译过程中，学生经常会发现一个句子可以有多种译法，这些译法可能都是语法结构正确、语序顺畅的句子，但是总有一种译法是最适切的。而对译文的判断需要的就是学生的分析综合。

首先，提高学生的文字功底是翻译教学中不可或缺的一部分。文字功底是翻译的基础，只有对原文的文本有深入的理解，才能在翻译过程中做出正确的选择。因此，翻译教师应该在教学中注重培养学生的文字功底，帮助他们提高对原文的理解能力，可以通过对原文进行深入的解读，以及对原文的语言特点进行研究来实现。

其次，丰富学生的背景知识也是提高翻译质量的重要因素。背景知识是翻译的辅助，只有对原文的背景有深入的了解，才能在翻译过程中做出更准确的选择。因此，翻译教师应该在教学中注重培养学生的背景知识，帮助他们了解原文的文化背景、历史背景、社会背景等，可以通过阅读相关的文献、参加相关的活动、进行相关的研究来实现。

最后，翻译教师还应该在教学中注重培养学生的翻译技巧。翻译技巧是翻译的技能，只有掌握了翻译技巧，才能在翻译过程中做出更准确的选择。因此，翻译教师应该在教学中注重培养学生的翻译技巧，帮助他们提高对原文的理解能力、对译文的判断能力、对译文的表达能力等，可以通过进行翻译实践、分析翻译案例、讲解翻译技巧等方式来实现。

四、重视翻译教学载体

课堂翻译教学是翻译教学的核心组成部分，它肩负着培养和提高学生翻译技能的重要任务。在这一平台上，教师可以有效地将翻译教学的相关知识传递给学生，包括翻译的理论体系、技巧和方法等。此外，教师还可以引导学生深入了解英语语言文化，提升学生的跨文化交际能力。

课堂是学生进行翻译实践的主要场所。在这里，学生有机会将所学的理论知识应用于实际翻译任务中，锻炼自己的翻译能力。同时，教师可以针对学生的翻译实践进行实时指导和反馈，帮助他们发现并改正翻译过程中出现的问题。

课堂翻译教学有助于培养学生的自主学习能力和合作精神。在课堂上，教师鼓励学生积极参与、提问和讨论，激发他们的学习兴趣。同时，通过小组合作、互动交流等方式，学生可以互相学习、互相促进，提高自己的翻译水平。

在此基础上，教师应充分认识到课堂翻译教学的重要性，努力贯彻以实践为主、以学生为主的原则。在实际教学过程中，教师需要高度重视以下五个环节：教师讲解、范文赏析、译文对比、学生练习和练习讲评。教师讲解环节，教师应清晰、简洁地阐述翻译的基本理论和方法，为学生奠定扎实的理论基础。范文赏析环节，教师应挑选具有代表性的范文，引导学生分析、鉴赏和模仿，提高学生的翻译鉴赏能力。译文对比环节，教师可将学生的译文与范文进行对比，让学生认识到自己的不足之处，从而找到提高翻译水平的方法。学生练习环节，教师应布置具有针对性的翻译任务，鼓励学生大胆尝试、不断创新。同时，教师还需关注学生的情感、态度和价值观的培养，帮助他们树立正确的翻译观念。练习讲评环节，教师要对学生的翻译作品进行详细点评，既要指出优点，也要指出不足，以便学生更好地吸收和消化所学知识。

总之，课堂翻译教学在高校英语翻译教学中具有举足轻重的地位。教师应充分重视其影响力，切实加强课堂翻译教学的组织与实施，为培养高素质、高水平的翻译人才贡献力量。

第三章 "互联网+"对高校英语翻译教学的影响

随着互联网技术的飞速发展,"互联网+"已成为当今社会的发展趋势,对各个领域都产生了深刻的影响。在高校英语翻译教学中,"互联网+"也带来了许多新的机遇和挑战。为了更好地利用"互联网+"的优势,高校英语翻译教学需要不断地创新和变革,加强学生对传统翻译技能的培养,提高学生的翻译水平。同时,高校英语翻译教学还需要加强与其他翻译教育机构的合作,共同推动翻译教学的发展。本章具体分析"互联网+"对高校英语翻译教学的影响。

第一节 "互联网+"视域下高校英语翻译教学的机遇

互联网对高校英语翻译教学产生了深远的影响,以下从高校英语翻译教学内容和方式、英语教师角色、学生主体地位、英语翻译教学资源普及和共享以及推动英语翻译教学改革和创新五个方面进行详细论述。

一、英语翻译教学内容和方式的变革

互联网促进了高校英语翻译教学方式和学习方式的更新。传统的翻译教学载体和手段可以被计算机及网络所提供的集成化的教学环境取代。例如,多媒体学习系统、资料库、演示环境、辅助学习工具、师生交互环境等,都为现代化的高校英语翻译教学提供了更加丰富、灵活、高效的教学方式和手段。

在"互联网+"时代,高校英语翻译教学不再受制于时间和空间的限制,也不再局限于传统的翻译教材和教学方法。借助网络和多媒体技术,可以实现远程教育、在线课程、虚拟实验室等多样化的教育形式,为学生提供更加丰富、灵活的学习体验。同时,大数据分析、人工智能等新技术的应用,也为高校英语翻译教学提供了更加科学、精准的决策支持,使翻译教学更加个性化、高效化。

二、英语教师角色的转变

在传统的高校英语翻译教学模式中,教师通常是知识的传授者,主要责任是为学生传递知识,而学生则处于被动接受知识的地位。然而,在"互联网+"时代,这种角色分工已经不再适应新时代的需求。

在互联网驱动下,教师的角色变得更加重要。他们需要具备更高的专业素养和教学能力,能够灵活运用网络技术和多媒体资源,引导学生主动参与学习过程,帮助他们解决学习中遇到的问题。同时,教师还需要具备与学生进行交流和沟通的能力,了解学生的需求和特点,为他们提供个性化的教学指导和支持。互联网对教师提出了更高的要求,但同时也为他们提供了更好的教学环境和更多的教育资源。通过互联网技术的应用,教师可以更好地激发学生的主动性和创造性,培养他们的自主学习和协作学习能力。

三、学生主体地位的强化

互联网在教育领域的应用无疑为学生的学习方式和态度带来了深刻的变革。在传统的教学模式中,学生往往处于被动接受知识的状态,而互联网的介入极大地增强了学生的主体地位。学生可以借助互联网技术平台和学习资源,进行自主学习和个性化学习,这使学生的学习更加主动和积极。

互联网技术平台为学生提供了丰富的学习资源。这些资源包括各类教材、学术论文、在线课程等,涵盖了各个学科领域。学生可以根据自己的兴趣和需求,选择适合自己的学习内容,避免了传统教学中教材的单一性和局限性。这样一来,学生在学习过程中有了更多的主动权,可以根据自己的进度和节奏进行学习,提高了学习的效率。

互联网技术平台还为学生提供了便捷的交流和协作工具。过去,学生之间的交流主要局限于课堂和课下,而互联网的出现使学生可以随时随地进行交流和讨论。这不仅有助于学生解决学习过程中遇到的问题,同时也培养了学生的团队合作和沟通能力。这些能力对于未来社会所需的人才至关重要，因为现代社会对团队合作和沟通能力的重视程度越来越高。此外，互联网环境下的学习更具个性化。通过大数据分析和智能推荐技术，互联网可以根据学生的学习兴趣和能力，为学生推荐合适的学习资源和学习路径。这种个性化教学方式有助于激发学生的学习潜能，提高学生的学习兴趣，从而使学生的学习更加主动、积极。

四、英语翻译教学资源的普及和共享

互联网在当今社会发挥着重要作用，特别是在高校英语翻译教学领域。它为教学资源的普及和共享提供了便捷途径，对提高翻译教学的公平性、普及程度以及质量效率产生了深远影响。

首先，互联网打破了地域和时间的限制，使优质翻译教学资源得以广泛传播。过去，由于资源的局限性，城市与农村、发达地区与欠发达地区之间的教育差距较大。而现在，通过互联网，这些优质资源可以迅速传播到全国各地，有助于缩小教育差距，提高翻译教学的公平性。

其次，互联网的普及促进了翻译教学资源的共享。网络平台上，教师和学生可以轻松获取各类教学资源，如教学大纲、教案、课件、参考资料等。这种共享模式不仅提高了资源的利用率，还激发了教师之间的交流与合作，促使他们不断改进教学方法，提高教学质量。

再次，互联网为翻译教学改革和创新提供了有力支持。在网络环境下，教师可以方便地获取最新的教学理念和实践成果，将其融入课堂教学中。同时，互联网也为学生提供了更多的实践机会，如在线翻译实践、国际交流等，有助于培养学生的翻译能力和跨文化交际能力。

最后，互联网的运用提高了翻译教学的效率。通过网络平台，教师可以快速地布置、批改作业，与学生进行实时互动，了解学生的学习进度和需求。此外，互联网还为教师提供了丰富的评估工具，使教学评估更加客观、公正。

五、推动外语教育改革和创新

互联网是推动高校英语翻译教学改革和创新的重要动力。互联网的普及和发展使传统的高校英语翻译教学模式和教学体制逐渐向现代化和多元化转变。这为英语教师提供了更多的翻译教学方法和手段，同时也带来了新的翻译教学理念和教育模式。这些变化有利于提高翻译教学的质量和效率，推动翻译教学的创新和发展。

第二节 "互联网+"视域下高校英语翻译教学的挑战

在"互联网+"视域下，高校英语翻译教学面临着许多挑战。互联网的普及和发展使人们获取信息的渠道更加多样化，英语翻译的需求也越来越大。然而，传统的英语翻译教学模式已经无法满足现代社会对英语翻译人才的需求。因此，高校英语翻译教学需要进行改革和创新，以适应"互联网+"时代的发展。

一、依靠互联网，实现高校英语翻译教学的跨越式发展

互联网可以为高校英语翻译教学提供许多优势，如提高英语翻译教学质量、促进翻译科研创新、优化翻译教学资源管理等。以下是几点建议，以实现高校英语翻译教学的跨越式发展。

（一）建设网络化校园

网络化校园是"互联网+"教育的重要基础，包括校园网络、数据中心、云计算平台、移动应用等。通过建设网络化校园，可以促进互联网与高校英语翻译教学的深度融合，提高高校英语翻译教学的效率和质量。

（二）推广在线教育

在线教育可以突破时间和空间的限制，提供更加灵活和个性化的学习方式。通过建设高质量的在线课程和开展在线翻译教学活动，可以扩大高校英语翻译教学受众面，提高高校英语翻译教学资源的利用效率。

（三）实施网络化科研

网络化科研可以促进科研的信息化和智能化，提高科研的效率和质量。通过建设网络化科研平台，可以汇聚科研资源和力量，推动跨学科、跨领域的合作和创新。

（四）优化英语翻译教学资源管理

互联网可以提高英语翻译教学资源管理的效率和精度，优化英语翻译教学资源的配置和使用。通过建设网络化英语翻译教学资源库和教育管理平台，可以实现翻译教学资源的共享和优化，提高高校英语教学的整体水平。

（五）加强教师数字化培训

教师是推进高校英语教学网络化的重要力量，需要加强教师培训，提高教师的网络应用能力和信息化素养。通过开展定期的教师培训和技术交流活动，可以提升教师的信息化能力和水平，推动互联网技术与高校英语翻译教学的深度融合。

（六）创新合作模式

网络化英语翻译教学需要创新合作模式，促进高校之间、高校与企业之间的合作和交流。通过建立合作机制和搭建合作平台，可以汇聚优势资源和力量，推动高校英语翻译教学的协同发展和共赢。

二、把教师队伍建设作为网络建设的重点

教师队伍建设是"互联网+"教育建设的重点。为了让教师在英语翻译教学过程中能够提高对网络技术设备的利用效率，应做到以下几点。

（一）增强教师信息技术应用能力培训

针对当前教师对新技术设备应用不熟练的问题，应加强对教师的信息技术应用能力培训，包括基本的计算机操作、多媒体教学软件的使用、网络资源的获取和利用等。通过定期的培训和技术交流活动，提高教师的信息技术应用能力和素养，使教师能够熟练地运用新技术设备进行翻译课堂教学。

（二）创新翻译教学模式

互联网技术的应用要求教师改变传统的翻译教学模式，积极探索基于现代技术设备的新的翻译教学模式。例如，利用在线课程、网络研讨会、多媒体教学资源等开展混合式翻译教学，将传统课堂与网络学习环境有机结合，提高高校英语翻译教学的效果。

（三）提供优质网络教学资源

教育部门和学校应积极开发优质网络教学资源，包括各类在线课程、多

媒体教材、实验模拟软件等，为教师提供丰富的翻译教学素材和工具。这样教师就能利用这些资源进行翻译课堂教学，提高翻译教学的效率和质量。

（四）建立教师信息技术应用评价机制

为了激励教师积极应用新技术设备，应建立相应的评价机制。通过对教师使用新技术设备的情况进行定期评价，将评价结果与教师的绩效考核、晋升等挂钩，从而激励教师重视网络技术在翻译课堂教学中的应用。

（五）加强教师之间的交流与合作

通过组织教师参加校际、地区甚至全国性的翻译教学交流活动，促进教师之间的经验分享和合作。这样教师可以共同探讨如何更好地利用网络技术设备进行翻译教学，相互学习、共同进步。

三、完善数字资源库建设，实现数字资源共享

目前的学科整合存在一些挑战，其中之一便是数字资源共享的问题。其不仅涉及技术层面的限制，也涉及观念和合作机制的问题。在实现数字资源共享方面，可以考虑以下策略。

（一）建立数字共享平台

学校或地区可以建立一个共享平台，用于存储和共享各类数字教育资源。可以是一个在线的资源库、云存储平台，或者是一个数字化的教育资源管理系统。

第三章 "互联网+"对高校英语翻译教学的影响

（二）制定数字资源共享政策

政策是推动数字资源共享的重要手段。学校或地区应该制定相关的政策，鼓励和要求教师共享他们的资源。同时，也可以设立一些奖励机制，表彰那些在数字资源共享中作出积极贡献的教师或团队。

（三）培训教师

许多教师可能对如何有效地共享和使用数字化资源感到不熟悉。因此，提供相关的培训和技术支持是必要的，其可以帮助教师了解如何上传和共享他们的翻译教学资源，以及如何有效地使用这些数字资源来提高翻译教学的质量。

（四）建立合作机制

实现区域范围内的数字资源共享需要建立跨学校、跨地区的合作机制，如可以通过定期的研讨会、交流活动等方式来实现。同时，也可以考虑建立校际或地区的数字资源共享联盟，以促进更紧密的合作。

（五）转变观念

改变教师和学校领导对于数字资源共享的观念是至关重要的。需要让他们理解，数字资源共享不仅是一种责任，也是一种机会。通过共享资源，他们可以扩大自己的教学影响力，提高教学质量，同时也可以从其他教师的资源中学习和获得灵感。

如果不能实现数字资源共享，教育数字化确实会失去其意义，也无法实现全方位的教育现代化。因此，建立有效的数字资源共享机制是推进教育数字化建设的关键步骤之一。

第三节 "互联网+"视域下高校英语翻译教学的原则

在"互联网+"视域下,高校英语翻译教学需要遵循一些原则,以更好地适应时代的需求。以下是几个基本原则。

一、个性化教学原则

在"互联网+"视域下,高校英语翻译教学正面临着前所未有的挑战和机遇。传统的教学模式已无法满足时代发展的需求,因此,对个性化教学的关注和探索显得尤为重要。在这一过程中,教师应充分认识到学生的主体地位,关注他们的学习需求和兴趣,以实现翻译教学效果的最大化。

不同学生有不同的学习需求和兴趣,这意味着教师需要因材施教,采用多元化的教学方法和手段。例如,喜欢阅读的学生,教师可以推荐一些优秀的英文原著,并指导他们如何阅读和理解文章。这不仅能提高学生的英语阅读能力,还能让他们在阅读过程中自然地掌握翻译技巧。此外,教师还可以引导学生参加各类英语阅读活动,如英语角、读书会等,以便让学生在实践中不断提高翻译水平。

再如,喜欢听音乐的学生,教师可以推荐一些英文歌曲,并指导他们如何理解和翻译歌词。音乐是一种跨越国界的语言,通过学习经典英文歌曲,学生可以在愉悦的氛围中锻炼英语听力和口语表达能力。同时,歌词翻译也能帮助学生更好地掌握英语语法和词汇,为翻译其他类型的文本打下坚实基础。

此外,教师还可以利用互联网资源,如在线翻译平台、国际学术交流群等,让学生接触到更多的真实翻译场景。这样学生在实际操作中可以了解翻译行业的最新动态,提高自己的翻译实战能力。同时,教师应关注学生的成

第三章 "互联网+"对高校英语翻译教学的影响

长和发展，定期进行一对一的辅导和指导，以便及时发现和解决学生在翻译过程中遇到的问题。

二、跨文化交际原则

在"互联网+"时代，高校英语翻译教学迎来了一个全新的挑战，那就是更加注重跨文化交际。随着全球化的加速推进，跨文化交流的重要性日益凸显。在这一背景下，英语翻译教学不能再局限于传统的语言教学模式，而是要面向世界，关注不同文化背景下的翻译实践。

首先，教师在英语翻译教学中应该有意识地引导学生了解不同文化之间的差异。这不仅有助于提高学生的跨文化交际能力，还能够使他们更好地适应全球化的发展趋势。教师可以运用案例分析、讨论等多种教学方法，让学生深入了解文化差异对翻译的影响。

其次，教师要指导学生在不同文化背景下进行翻译。这意味着学生需要掌握一定的文化背景知识，以便在实际翻译过程中能够更好地理解和传达原文的含义。为此，教师可以适当增加有关文化背景的课程内容，如外国文学、历史、哲学等，让学生在翻译实践中能够更好地应对各种文化差异。

最后，教师还可以通过组织一系列文化交流活动，让学生有机会与其他国家的学生进行互动，亲身体验不同的文化氛围。这些活动可以包括线上线下的国际学术交流、外语角、文化体验等，让学生在实际操作中提高跨文化交际能力。

在实施这一教学模式的过程中，还应该注意以下几点。

第一，注重培养学生的基本功，如词汇、语法、发音等，使他们在跨文化交际中更加自信。

第二，关注学生的个体差异，因材施教，调动他们的学习积极性。

第三，强化师资队伍建设，提高教师的国际视野和跨文化交际能力，以提升教学质量。

第四，紧密结合实际翻译需求，不断调整和优化教学内容，使学生能够学以致用。

第五，加强校企合作，为学生提供实习和实践的机会，提高他们的翻译实战能力。

三、实践教学原则

在当今信息化时代，"互联网+"已经成为推动社会发展的重要引擎。高校英语翻译教学也应该紧跟时代潮流，以实践教学为核心，培养具备实际翻译能力的优秀人才。实践教学不仅能够提升学生的翻译技能，还能够锻炼他们的创新能力和团队协作精神，使他们在日益激烈的就业竞争中立于不败之地。

首先，实践教学是检验翻译真理的唯一标准。高校英语翻译教学应注重培养学生的实际操作能力，让他们在实践中不断摸索和总结经验。教师可以组织各类翻译实践活动，如研讨会、讲座、实地考察等，让学生在真实的语境中锻炼自己的翻译技能。此外，教师还可以引导学生关注国内外翻译行业的最新动态，以便及时调整自己的翻译方法和策略。

其次，实践教学有助于提高学生的翻译质量。通过参与实际翻译项目，学生可以将课堂所学的理论知识与实际工作相结合，从而提高自己的翻译水平。教师可以与企业、政府部门等机构合作，为学生提供实习和实践的机会。这样学生在实际工作中不仅能学到宝贵的翻译经验，还能够了解翻译工作的职业素养和道德规范。

再次，实践教学可以培养学生的创新能力和团队协作精神。在实践过程中，学生需要不断尝试新的翻译方法和技巧，以提高自己的翻译效率。同时，实践教学还强调团队合作，让学生在共同完成翻译任务的过程中，学会与他人沟通和协作，培养良好的团队精神。

最后，实践教学有助于提升学生的综合素质。通过参与各类实践活动，学生可以拓宽视野，增加知识储备，提高跨文化交际能力。这对于他们未来在国际舞台上发挥重要作用具有重要意义。

四、创新教学原则

在当今数字化时代,"互联网+"已经成为教育领域的一大趋势,尤其是在高校英语翻译教学中,创新教学模式显得尤为重要。为了使学生更好地掌握翻译技巧,教师应积极探索并采用新的教学方法和手段。

首先,教师可以充分利用网络平台,为学生提供丰富的学习资源。这些资源包括翻译软件、在线词典、原版英文书籍、翻译教学视频等。通过这些资源,学生可以自主学习,提高自己的翻译水平。同时,教师还可以在平台上发布课程通知、作业和答疑解惑,方便学生与教师进行实时互动。

其次,教师应引入先进的翻译教学软件,让学生在实际操作中不断提高翻译能力。这类软件可以为学生提供实时翻译反馈,指出学生在翻译过程中出现的问题,如语法错误、词汇搭配不当等。学生在收到反馈后,可以及时调整自己的翻译,从而更好地掌握翻译技巧。翻译教学软件还可以自动评分,使学生了解自己在翻译练习中的表现,从而找到自己的不足之处并进行改进。

最后,教师可以组织线上线下的实践活动,如翻译比赛、模拟翻译项目等,让学生在实际应用中锻炼自己的翻译能力。这些实践活动不仅可以激发学生的学习兴趣,还可以帮助他们将所学知识运用到实际工作中,为将来的职业生涯做好准备。

五、循序渐进原则

翻译教学是一项复杂的语言转换过程,需要遵循由浅入深、循序渐进的原则。这是因为翻译本身是一个复杂的过程,需要对源语言和目标语言进行深入的理解和转换。同时,翻译教学也需要考虑学生的语言水平和学习习惯,因此需要逐步引导,让学生在实践中逐步提高。

首先,应该选择与学生最熟悉的内容进行教学。这是因为,学生的学习习惯和语言水平往往决定了他们的学习效果。如果教师一开始就选择难度较大的内容进行教学，可能会导致学生在理解和表达方面出现问题，从而影响他们的学习兴趣和积极性。因此，教师应该根据学生的实际情况，选择适合他们的教学内容，逐步提高难度。

其次，教师应该引导学生从最基本的词汇和句子入手，循序渐进，由易到难。这是因为，词汇和句子是翻译的基础，只有掌握了这些基础，才能更好地进行翻译。因此，教师应该先教授学生基本的翻译技巧和词汇，然后再逐步引导学生进行翻译实践。

最后，教师应该注重对原文语言的深入理解。这是因为，翻译不仅仅是语言的转换，更是对原文的理解和表达。因此，教师应该引导学生对原文进行深入的理解和分析，从而更好地翻译出高质量的作品。

六、培养翻译能力与翻译批评能力相结合原则

在翻译教学过程中，教师的角色并不仅仅局限于传授翻译技巧，更重要的是，教师需要培养学生的翻译批评能力。翻译批评能力是一种对他人翻译作品进行客观评价的能力，评价过程中不仅需要指出翻译作品中的优点，还需要指出其中存在的不足。同时，翻译批评能力还包括对译文中的错误进行适当的修改。这种能力的培养不仅有助于学生向他人学习翻译中的优点，还有助于学生进行自我反思，避免在未来的翻译过程中出现类似的错误。

在培养学生的翻译批评能力时，教师应当遵循一些原则。首先，教师需要引导学生对翻译作品进行深入的理解和分析。这意味着教师需要帮助学生理解翻译作品的背景、目的、受众等信息，以便更好地理解翻译作品的意义和价值。其次，教师需要帮助学生掌握评价翻译作品的方法和技巧。这包括如何指出翻译作品中的优点和不足，以及如何对译文中的错误进行适当的修改。最后，教师需要引导学生进行自我反思，帮助他们发现自己在翻译过程中的不足，并制定相应的改进策略。

在实际的教学过程中，教师可以采用多种教学方法和策略来培养学生的

翻译批评能力。例如，教师可以组织翻译批评小组，让学生相互评价和批评翻译作品。这样学生可以在交流和讨论中发现他人的翻译优点，并从中学习和改进。此外，教师还可以利用网络平台，让学生在互联网上进行翻译批评。这样学生可以更广泛地接触到不同的翻译作品，并从中学习和提高。

第四节 "互联网+"视域下高校英语翻译教学的目标

在"互联网+"视域下，高校英语翻译教学的目标应当紧密结合时代发展需求和市场动向，以培养具备综合素质、适应社会需求的英语翻译人才为核心。具体而言，可从以下几个方面来设定教学目标。

一、提升语言运用能力

在当今时代，"互联网+"已经成为我国经济发展的新引擎，对各个行业产生了深远的影响。在这一背景下，英语翻译教学也需要不断地调整和优化，以适应社会发展的需求。为了培养出具备高素质的英语翻译人才，翻译教学应当注重以下几个方面。

第一，重视提升学生的英语语言水平。在"互联网+"时代，英语作为国际交流的通用语言，其重要性不言而喻。学生需要在听、说、读、写等方面都能熟练运用英语，这样才能在实际工作中胜任翻译任务。因此，教师应当采取多种教学手段，激发学生的学习兴趣，帮助他们不断提高英语语言能力。

第二，加强学生对各类语域、语境的理解和适应能力。不同的语境下，语言的表达方式和含义可能有所不同。在"互联网+"背景下，学生需要掌握各类语域的特点，以便在实际翻译工作中能够游刃有余。为此，教师应当通过实例分析、角色扮演等方式，让学生在实践中学习和掌握不同语境下的语言运用技巧。

第三，充分利用互联网技术，创新教学方法。互联网为英语翻译教学提供了丰富的教学资源和便捷的教学手段。教师可以利用在线平台、多媒体教学等方式，拓宽教学渠道，提高教学效果。同时，互联网技术还可以帮助教师实时了解学生的学习进度和需求，为个性化教学提供有力支持。

二、培养跨文化交际能力

随着全球化的深入发展，英语翻译中的跨文化交际能力变得越来越重要。在这一背景下，教学过程中应当注重培养学生的跨文化交际能力，使他们能够在不同的文化背景下进行有效沟通，克服文化障碍，准确传递信息。

第一，深入了解各国文化背景是跨文化交际的基础。在高校英语翻译教学中，教师应引导学生学习各国文化知识，包括历史、地理、风俗习惯等，以便在实际交际中避免因文化差异导致的误解。此外，通过对比分析不同文化背景下的语言表达和交际方式，学生可以更好地理解语言背后的文化内涵，从而提高翻译的准确性。

第二，培养学生在不同文化背景下进行有效沟通的能力至关重要。教师应设计多样化的教学活动，如模拟跨文化交际场景、开展国际交流项目等，让学生在实际操作中锻炼沟通技巧，学会尊重和理解不同文化。此外，教师还应教导学生善于运用跨文化交际策略，如灵活运用词汇、掌握语境等，以提高沟通效果。

第三，克服文化障碍是跨文化交际的关键。学生在学习英语翻译的过程中应学会识别和分析文化障碍，以便在实际交际中作出适当调整。教师可以引导学生通过案例分析、讨论等方式，深入了解文化障碍的表现及其影响，从而提高学生对文化差异的敏感性和应对能力。

第四，准确传递信息是跨文化交际的目的。在高校英语翻译教学中，教师应关注学生的表达能力，指导他们如何根据不同文化背景调整语言表达方式，使信息传递更加准确、有效。此外，教师还应注重培养学生的批判性思维，使他们能够在跨文化交际中独立思考、辩证看待文化差异，从而更好地实现信息传递。

三、强化信息技术应用能力

在当前"互联网+"时代，信息技术已经深入到各行各业，其中包括翻译工作。英语翻译教学面临着新的挑战和机遇，如何在教学中培养学生的信息技术应用能力，使他们能够熟练掌握各类翻译工具和软件，提高翻译效率，成为教学的重要课题。

第一，英语翻译教学应当注重培养学生的信息素养。信息技术的发展为翻译工作提供了丰富的资源和便利的条件。学生需要掌握基本的计算机操作技能，如文字处理、网络搜索和数据分析等。此外，教师还应引导学生正确使用翻译工具，如搜索引擎、翻译记忆库和机器翻译等。这些工具可以帮助学生快速获取相关信息，提高翻译质量和效率。

第二，英语翻译教学应注重实践与合作。在实际翻译工作中，团队合作和跨文化交流至关重要。教师可以组织学生参与模拟翻译项目，让他们在实际操作中锻炼技能，培养团队协作精神。同时，教师还可以引导学生参加各类翻译比赛，以提高他们的竞技水平和自信心。

第三，教师应关注学生的终身学习能力和创新意识的培养。在信息技术不断变革的背景下，翻译工作者需要具备强烈的学习意愿和自主学习能力，以适应行业的快速发展。此外，教师还应激发学生的创新意识，鼓励他们开发新的翻译方法和技巧，为翻译行业注入新的活力。

四、培养创新与合作能力

在实际的翻译工作中,创新与合作能力的重要性不言而喻。为了培养具备这两大能力的翻译人才,在教学过程中需要采取一系列措施。

第一,要鼓励学生勇于尝试新的翻译方法和技巧。这就需要在教学过程中引入丰富的实践案例,让学生接触到各种翻译方法,从而激发他们的创新意识。同时,教师要引导学生从理论上了解翻译创新的重要性,让他们明白创新不仅仅是一种能力,更是一种精神态度。在教学过程中,教师还应关注学生的个体差异,因材施教,针对不同学生的特点和需求,提供个性化的指导,使他们在翻译实践中找到适合自己的创新路径。

第二,培养学生的团队合作能力同样至关重要。在翻译项目中,团队合作是完成任务的关键。因此,需要设计一些团队协作的翻译任务,让学生在实际操作中学会与他人沟通、协调,共同解决问题。此外,还要注重培养学生的团队精神,让他们明白团队的成功才是真正的成功,从而激发他们的合作热情。在这一过程中,教师要充分发挥引导作用,及时调整团队结构,确保每个学生都能在团队中发挥积极作用。

第三,英语翻译教学应加强与产业界的联系。学校可以与企业合作,建立实习基地和实践课程,让学生深入了解翻译行业的实际需求和发展动态。同时,教师还可以邀请行业专家举办讲座和交流,分享他们的经验和心得,帮助学生树立正确的职业观念。

五、提高职业道德与素养

翻译工作涉及各个领域,具有一定的社会责任。作为一种跨文化交流的工具,翻译在促进国际友谊与合作方面发挥着至关重要的作用。因此,高校英语翻译教学应当注重培养学生的职业道德意识,使他们遵循行业规范,为社会传递准确、真实、有益的信息。

在英语翻译教学中，教师应引导学生认识到翻译工作的严肃性和责任感。翻译不仅仅是语言的转换，更是信息的传递和文化的交流。学生在学习翻译技巧的同时，要明确自己在翻译过程中的使命，坚守职业道德底线，为社会提供高质量、可信赖的翻译服务。

教师要培养学生遵循行业规范的习惯。翻译行业有着一套严格的规范和标准，如《翻译服务国家标准》等。学生在学习翻译的过程中，应熟知并严格遵守这些规范，以确保翻译作品的质量。同时，教师还要教育学生诚信为本，杜绝抄袭、剽窃等不良行为，尊重原作者的知识产权。

此外，英语翻译教学还应关注学生的心理素质和抗压能力。翻译工作往往需要在紧迫的时间内完成，并要求高度的准确性。这就要求翻译人员具备良好的心理素质，能够在压力下保持冷静，确保翻译质量。教师可以通过组织模拟实战演练、举办翻译竞赛等方式，帮助学生提高心理素质和应对压力的能力。

六、增强自主学习能力

在当前的"互联网+"时代，自主学习能力已经成为每个人都需要具备的基本技能。尤其是在英语翻译教学领域，引导学生充分利用互联网资源，自主拓展知识面，提高翻译水平，成为教学的重要目标。

我们要明确，自主学习并不仅仅是一种学习方式，而是一种学习能力，一种能够让我们在信息爆炸的时代，独立获取、处理、应用知识的能力。对于英语翻译教学来说，自主学习能力的培养尤为重要。因为翻译是一项实践性很强的技能，仅仅依靠课堂上的教学是无法满足学生需求的。学生需要利用互联网资源，如各类翻译论坛、专业翻译网站、国外新闻网站等，来拓宽自己的知识面，提高自己的翻译水平。

教师在教学过程中要引导学生正确使用互联网资源。一方面，要教会学生如何筛选有效的信息，避免陷入信息过载的困境；另一方面，要引导学生学会利用互联网进行自我学习和提升，如通过在线翻译工具、云端翻译平台等，提高自己的翻译效率和专业性。

　　教师还需要关注学生的自主学习进度，定期进行检查和反馈。这样可以确保学生能够在自主学习的过程中，始终保持高度的学习热情和积极性。同时，教师还可以根据学生的学习情况，制定个性化的教学方案，以满足不同学生的学习需求。我们要认识到，自主学习能力的培养并非一蹴而就，而是一个长期的过程。因此，教师需要有耐心，引导学生逐步建立起自主学习的习惯和能力。只有这样，学生在毕业后才能适应社会的需求，成为一名优秀的翻译人才。

第四章 "互联网+"视域下高校英语翻译教学的创新模式

在"互联网+"时代背景下，高校英语翻译教学改革具有重要的现实意义。只有紧跟时代发展趋势，紧密围绕新需求，深入研究翻译教学模式的构建和具体路径，才能为我国英语翻译人才培养贡献力量，助力我国在国际舞台上发挥更加重要的作用。本章具体分析慕课、微课、翻转课堂以及混合式教学四大模式在高校英语翻译教学中的应用。

第一节　慕课教学模式及其在高校英语翻译教学中的应用

随着时代的发展和科技的进步，知识更新周期大幅度缩短，教育领域也迎来了前所未有的变革。慕课作为一种新兴的网络学习平台，其影响力和作用不容忽视。将慕课应用于高校英语翻译教学中，不仅可以为学生提供更加优质的学习资源，还可以为教师提供更多的教学工具和方法。

一、慕课教学模式概述

（一）慕课教学模式的内涵

慕课，即大规模开放在线课程（Massive Open Online Course，MOOC），自其诞生以来，便在全球范围内引起了广泛关注和热烈讨论。这种新型的教学模式不仅改变了传统的学习方式，也为教育工作者提供了新的教学思路和手段。那么，慕课教学模式的内涵究竟是什么呢？

首先，慕课教学模式强调了教学的开放性。在传统的教学模式中，教学往往局限于特定的时间和空间，而慕课则打破了这种限制。任何人只要有互联网连接，就可以随时随地地参与学习，无需受地域、时间、学校等条件的限制。这种开放性使教育资源得到了更加广泛的共享，为更多人提供了接受高质量教育的机会。

其次，慕课教学模式注重学生的自主性。在慕课平台上，学生可以根据

第四章 "互联网+"视域下高校英语翻译教学的创新模式

自己的兴趣、需求和节奏进行学习，自主选择课程内容和进度。这种自主性的学习方式能够激发学生的学习兴趣和动力，培养他们的主动探究能力和自主学习能力。此外，慕课教学模式还具有互动性强的特点。通过在线讨论、作业提交、互评等方式，学生可以与教师、同学进行实时交流和互动，共同探讨问题、分享经验。这种互动不仅能够加深学生对知识的理解和掌握，还能够培养他们的合作精神和沟通能力。

最后，慕课教学模式还具有灵活性和可扩展性。慕课平台上的课程种类丰富多样，涵盖了各个领域的知识和技能。学生可以根据自己的兴趣和需求选择不同的课程进行学习，实现个性化发展。同时，慕课平台还可以根据学生的学习情况和反馈进行课程优化和更新，以满足不断变化的学习需求。

（二）慕课教学模式的设计要点

1.课程长度

研究表明，学生在观看教学视频时，其专注力通常只能维持10～20分钟。因此，在设计慕课课程时，需要考虑学生的注意力和学习动力。每周授课时数建议在2～3小时之间，每门课程总时数则为15～35小时。将视频内容分成8～12分钟的短单元，每个单元代表一个连贯的概念，这种方法可以帮助学生在学习过程中保持兴趣和集中注意力。

学生如果在线学习时间过长，可能会失去学习兴趣和学习动力，从而导致学习成效下降。因此，学生应将学习时间分散开来，每次学习时间控制在一定范围内，从而帮助学生更好地掌握知识。这种碎片化的学习方式可能越来越流行，因为现代人的注意力时长越来越短。

2.教学视频的制作

（1）准备课程材料

首先，课程名称、简短的课程描述、课程任务量等基本信息应该清晰明了。这些信息可以帮助学生了解课程的基本情况，从而作出更好的决策。

其次，课程简介、授课教师简介、课程大纲等详细信息应该尽可能地丰富,以帮助学生更好地了解课程。

最后,制作课程宣传片也非常重要。一个好的宣传片可以吸引更多的学生注册该课程。

(2)创建会话网站

为了创建高质量的线上课程,教师需要了解并掌握一些课程制作的技术。这样他们才能更好地利用在线平台,充分了解其作用和局限性,以便更有效地设计和准备课程材料。

第一,熟悉会话网站。教师需要了解会话网站的功能和使用方法,包括如何上传课程材料、设置测验和编程作业,以及如何定制和调整会话网站的结构和内容。他们还需要学会使用各种工具和功能,方便地与学生进行交流和评估。

第二,创建课程的章。在创建课程时,教师需要将课程内容划分为不同的章,每个章代表一个概念或主题。他们需要为每个章添加相应的课程材料,如讲座视频、测验等,并设置每个章的上线和下线日期。

此外,教师还需要注意一些其他事项。例如,他们需要确保课程材料的质量和准确性,以便学生能够正确理解和掌握课程内容。同时,教师还需要根据学生的学习特点和需求,合理安排课程内容和进度,并提供适当的指导和支持,以帮助学生更好地学习和发展。

(3)制作课程描述页

在准备好课程材料之后,教师可以按照以下步骤制作课程描述页。

第一,进入课程管理平台。教师需要登录到相应的课程管理平台,如慕课平台等。

第二,添加课程材料。在课程管理平台上,教师可以添加已经准备好的课程材料,如课程视频、讲座、测验、编程作业等。

第三,填写课程描述页。在课程管理平台上,教师可以编辑课程的基本信息和详细信息,如课程名称、描述、教学目标、选修知识等,以便学生了解课程的相关信息。

第四,添加简历。教师可以添加自己的简历,包括教育背景、教学经验和相关成就等,以展示自己的专业能力和教学风格。

第五,添加其他教师和教学人员。在课程管理平台上,教师可以邀请其

第四章 "互联网+"视域下高校英语翻译教学的创新模式

他教师和教学人员参与课程的教学工作，准许他们访问课程页面和相关材料，以便他们能够协助教学和管理。

第六，在会话网站添加课程材料。

通过以上步骤，教师可以制作出高质量的线上课程描述页，以便学生更好地了解课程的相关信息，提高课程的注册量和参与度。同时，教师需要注意更新和维护课程材料和描述页，以确保其准确性和时效性。

（4）准备课程讲座视频的材料

在视频开播之前，教师需要提前准备材料。在开播之后，教师也需要根据实际情况对视频进行调整。这有助于及时调整和改进课程，以满足学生的学习需求和期望。同时，教师还应该合理安排时间来准备和制作课程材料，确保其质量和准确性。通过持续改进和优化课程内容和材料，教师可以提高教学质量，增强学生的学习体验。

（5）安排课程制作的时间

在课程开始前两个月，教师需要录制、编辑和上传课程材料。以下是一些具体的操作步骤。

第一，编写课程材料。教师需要准备相应的课程材料，包括文字、图片、音频和视频等内容。

第二，录制讲座视频。教师需要录制讲座视频，确保视频内容清晰、准确、生动，并且能够有效地传达课程知识。

第三，编辑视频。在录制完讲座视频后，教师需要对视频进行编辑和处理，以确保视频的质量和准确性。

第四，上传视频到慕课平台。将编辑好的视频上传到慕课平台上，以便学生能够观看和学习。

第五，上传相关的课程资源。教师需要上传与课程相关的其他资源，如作业、阅读材料、参考书籍等。

第六，为录制的视频创建嵌入式测验。在每个视频中嵌入测验，以便学生能够自我检测学习进度和掌握程度。

在课程开始前一个月，教师需要编制课程评价的内容并管理会话网站。以下是一些具体的操作步骤。

第一，编写由机器自动评分的作业。教师需要准备一些自动评分的作业，以便学生能够进行自我测试和练习。

第二，为课程评价设置评分规则和截止期。教师需要设定评分规则和作业提交的截止日期，以便学生能够了解如何获得课程成绩。

第三，编写并发送欢迎邮件或公告。教师需要发送欢迎邮件或公告给学生，介绍课程的内容、安排和要求。

在课程开始之前两周，教师需要对课程上线前的所有工作进行最后的检查和收尾工作。

在以上步骤都完成的情况下就可以录制课程讲座视频。

3.作业与测验

教师在设计慕课教学时，可以利用在线平台功能，有效地管理课程和评估学生的学习进度。

在慕课教学中嵌入小测验可以帮助学生保持注意力并测试他们的理解程度。这些测验题目通常不会计入学生的学习成绩，因此难度不宜过高，也不应涉及太复杂的延伸、演算或计算题。这样可以帮助学生在学习过程中保持积极性和参与度，并了解自己的学习进展。

除了嵌入式测验外，慕课教师还可以提供作业和进行测验。一个完善的慕课平台会提供完整的作业/测验功能，以便教师能够方便地布置作业、设置测验和收集学生的答案。

由于慕课教学通常具有开放式在线教学的特点，每个班级的学生人数可能非常多，因此教师或助教不可能一一批改每名学生的作业和测验。为了实现有效的评估，最理想的方法是利用计算机自动批改或同伴互评。

计算机自动批改可以利用算法和人工智能技术来快速准确地评估学生的作业和测验答案。这种方法可以减轻教师的负担，并提高评估的效率。

同伴互评是一种学生之间互相评估作业和测验答案的方法。它可以帮助学生互相学习，提高批判性思维和评估能力，同时也可以减轻教师的负担。

在实施同伴互评时，教师需要为学生提供指导和培训，以确保评估的准确性和公正性。此外，教师还需要监控整个评估过程，并对学生的评估结果进行抽查和监督，以确保评估的质量和有效性。

4.讨论区

教师需要精心设计讨论区，以引导学生进行讨论并促进学习论坛的产生。通过选修同一门课程的学习者聚集在一个统一的时间段内进入课程讨论论坛，他们可以提出自己的疑难问题，也可以帮助其他学生答疑解惑。当有学生提出问题时，先让其他学生共同参与讨论。通过集思广益，可以促进学生之间的互相学习和交流。经过讨论后，教师或助教可以提供正确答案，并对重点问题进行总结和解释。

二、慕课教学模式在高校英语翻译教学中的应用优势

慕课作为"互联网+教育"的产物，是一种新兴的网络开放课程，旨在为网络学习者提供免费访问和无限参与课程学习的环境。它以其开放性、互动性、即时性和便携性等特点，成为高校英语翻译教学的一个新思路。在传统的教学模式中，教师通常会以讲授为主，学生则负责听讲。然而，慕课的出现打破了这种单一的教学方式。慕课的在线教学形式使学习者可以随时随地进行学习，不再受时间和地点的限制。这种灵活的学习方式无疑为高校英语翻译教学提供了一种新的可能性。同时，慕课也提供了一个开放的、平等交流、互相沟通、双向互动的学习环境。学习者可以在慕课平台上进行讨论、分享和交流，这种互动性有助于提高学习者的学习积极性和学习效果。此外，在慕课教学模式下，教师可以根据学习者的需求和进度进行个性化教学，而学习者可以根据自己的学习目标和进度选择适合自己的学习内容和进度，这种个性化教学有助于提高学习者的学习效果和学习满意度。

（一）提高学生的学习效果

一直以来，高校英语翻译教学主要采用课堂教学的方式，这种方式有许多局限性。学生在固定的时间、地点，在有限的课堂时间内学习教师讲授的

内容。尽管这种方式在一定程度上满足了教学需求，但在当今信息化时代，课堂教学的局限性日益显现。高校英语翻译课程作为一门专业性较强的学科，学生要想学好这门课程，除了学生自身的努力以外，教师的教学方式也很重要。

为了克服传统课堂教学的局限性，教师可以将慕课学习植入学生的英语翻译学习中去。慕课是一种在线学习平台，可以将课件上传到该平台，课前让学生进行预习，课后让学生自行复习。这种方式使学生能够利用碎片化时间，随时随地打开慕课学习平台进行英语翻译知识的学习。尤其是对于那些基础薄弱的学生，可以对慕课平台上的内容进行反复观看，以巩固基础知识；对于基础较好的学生，可以调整观看的进度，对掌握不好的知识点进行回顾，从而实现个性化学习。

教师在慕课教学过程中应充分发挥引导作用，引导学生自主学习，反复练习，实现教学目标。通过慕课平台，教师可以实时了解学生的学习进度和掌握情况，为学生提供有针对性的辅导。此外，教师还可以在慕课平台上发布作业、组织讨论和答疑，使教学更加生动有趣，提高学生的学习效率。

（二）引导教师教学思维的转变

在我国的高校英语翻译教学中，大部分教师都具备扎实的专业基础和丰富的教学经验。然而，在一定程度上，部分教师的教学方式存在一定的问题，他们习惯于传统的教学模式，授课过程中往往过于依赖板书，对重难点知识进行讲解，而信息化教学手段的使用较少，甚至有些教师将英语翻译教学简单地理解为对句子的逐句翻译。这种情况导致课堂氛围单调乏味，学生容易失去学习兴趣，教师也难以调动学生的积极性。

为了改善这种现象，教师可以将慕课这一新兴教学模式融入英语翻译教学中。首先，教师可以在慕课平台上发布丰富的英语翻译课程资源，包括教学视频、案例分析、实战演练等。同时，教师应根据学生的学习状况和特点选择适合的教学内容，引导学生进行有效学习。其次，教师要明确学生在学习过程中的主体地位，有针对性地引导学生参与课堂讨论，激发学生的学习兴趣和主动性。最后，教师还可以通过慕课平台收集学生的学习数据，以便了解学生的学习进度、困难和需求。据此，教师可以调整教学策略，提供个性化的辅导，以提高学生的学习效果。同时，教师应加强与学生的互动，鼓励学生参与课堂讨论，分享学习心得，从而提高课堂氛围。

（三）增加英语翻译学习的额外时间

在当前教育环境中，高校英语翻译教学模式已经从传统的课堂教育转变为在线教育。这种转变不仅体现在教学方法的改变上，更体现在教学资源的丰富和教学时间的延长上。

课程时长的限制使传统的课堂教学难以满足学生的学习需求。因此，通过慕课平台的植入，教师可以在慕课上发布与课程相关的内容，这不仅丰富了教学资源，也间接增加了课程开设的时间。教师可以通过慕课平台发布课程的预习资料、复习资料、习题答案等，学生可以随时随地方便地进行学习，不再受限于时间和地点。

慕课平台上的教学资源更加丰富和多样。教师可以通过慕课平台发布音频、视频、PPT等，这些多媒体教学资源可以直观地展示教学内容，提高学生的学习兴趣和效果。同时，慕课平台还可以让教师展开互动式教学，如在线讨论、在线答疑等，从而增强学生的参与感和学习效果。

慕课平台上的教学资源可以实现个性化学习。学生可以根据自己的学习进度和需求，选择适合自己的学习时间和方式，避免因课程间隔过长导致出现碎片化记忆和知识不连贯的问题。同时，慕课平台还可以提供学习记录和数据分析，帮助教师了解学生的学习情况，调整教学策略，提高教学效果。

慕课平台上的教学资源可以实现资源共享。教师可以将优质的教学资源分享给其他教师和学生，提高教学资源的利用率，促进教学资源的共享和交流。同时，慕课平台还可以提供在线教育评估和评价系统，帮助教师了解学生的学习情况，提高教学效果。

三、慕课教学模式在高校英语翻译教学中的应用策略

慕课是一种大规模的在线开放课程，它为学生提供了随时随地学习的机会，打破了时间和空间的限制。针对高校英语翻译教学，教师可以从以下几个方面结合慕课的优势对学生进行培养。

（一）遵循大纲，适当引入慕课资源

在选择和使用慕课教学资源时，教师需要遵循课程大纲，确保所选资源与所教授课程内容相符。

教师首先需要挑选难度适中且与教学进度一致的英语翻译学习资料。这是因为英语翻译课程涉及许多专业术语和复杂的语法结构，如果学习资料的难度过大，可能会让学生感到挫败，影响学习效果；反之，如果学习资料的难度过小，可能会让学生感到无聊，不利于提高学习兴趣。因此，教师需要根据学生的实际学习情况，选择难度适中的学习资料。

对于学习能力强的学生，教师可以在慕课上选择一门拓展英语翻译能力的课程推荐给学生。这样学生可以有更大的学习空间，可以自主选择学习内容，提高学习效率。同时，教师需要对学生的学习进行指导，帮助学生解决学习过程中的问题，提高学生的英语翻译能力。

在引入慕课资源的过程中，教师需要注重学习资源的整合优化。在慕课背景下，学习资源碎片化、多样化，教师需要花时间提前对学生学习的资源进行筛选，挑选有助于学生学习的课程资源。教师需要根据学生的学习需求，选择适合学生的学习资源，而不是笼统地全部选择。

此外，教师还需要确保学生在慕课上接触到的是符合并且适合学生学习的课程资源。教师需要根据学生的学习情况，调整学习资源的难度和内容，使学生能够更好地理解和掌握英语翻译知识。同时，教师还需要关注学生的学习进度，及时调整学习资源，以保证学生能够持续有效地学习。

第四章 "互联网+"视域下高校英语翻译教学的创新模式

（二）设置问题，引导学生自主学习

在慕课教学模式下，教师可以根据教学大纲，合理地安排学习内容，结合相应的课程教学选取慕课视频资料，并设置知识问答题目，在课堂教学之前要求学生观看并作答。

教师在选择慕课视频资料时，需要充分考虑课程的教学目标、教学内容以及学生的学习特点。通过选择合适的视频资料，教师可以有效地辅助课堂教学，提高学生的学习兴趣和参与度。同时，教师还应根据学生的学习进度，适时调整视频资料的播放顺序，以保证学生能够充分理解和掌握教学内容。

教师在设置知识问答题目时，需要确保题目的难易程度适中，既能够检验学生对知识点的掌握程度，又不会让学生感到压力过大。此外，教师还应鼓励学生积极参与讨论，通过互动交流，促进学生之间的学习互助，提高学生的学习效果。

教师在课堂教学前，要求学生观看慕课视频资料，可以帮助学生提前预习课程内容，提高学生的学习效果。同时，教师还可以通过观察学生的作答情况，了解学生的学习情况，及时调整教学策略，提高教学质量。

在学生观看慕课视频资料的过程中，如果遇到难题，可以通过慕课平台上的讨论社区与教师和同学进行讨论。这种讨论方式不仅可以解决学生的疑问，还可以促进学生之间的学习交流，提高学生的学习效果。同时，教师还可以根据学生的学习情况，向学生提出一些更有难度的问题，从而引导学生更高阶地学习。

（三）小组合作，鼓励学生互助学习

在高校英语翻译教学中，许多具有争议的知识点是不可避免的。为了激发学生的学习兴趣和积极参与，教师可以针对一些具有较高讨论价值且学生感兴趣的内容，采用小组分工合作的方式进行探讨。这种方式有助于培养学生之间的沟通与合作能力，让他们在对话、商讨和辩论的过程中有目的地学习。

在小组合作过程中，学生可以通过相互交流和讨论来解决争议性问题，

从而提高自己的认知水平和翻译技巧。与此同时，教师可以利用慕课平台记录学生讨论的情况和存在争议的问题，以便观察学生的学习状态。在后期，将这些具有争议的问题和知识点放置在慕课平台上，让学生自行查看讨论结果。

通过慕课平台，每个人都可以看到自己的学习进度、观点的讨论结果以及同学们的看法。这样的线上展示让同学们了解到哪些观点得到了大量支持，哪些观点存在错误，从而帮助他们更好地认识自己的优缺点。这种线上展示不仅提高了学生的学习效果，还激发了他们学习的积极性和主动性。

（四）综合评价，驱动学生全程参与

在当今高等教育领域，高校英语翻译课程的地位日益重要，而对学生学习成绩的最终评价也成为教学过程中至关重要的环节。成绩评价不仅能够反映学生的学习成果，更能揭示他们在学习过程中的努力程度和实际收获。因此，如何全面、客观、公正地评价学生的学习成果，成为教师和学生共同关注的问题。

在对学生学习成果进行评价时，应着重关注他们对英语翻译知识的掌握程度，包括对词汇、语法、翻译技巧等方面的熟练运用，以及对翻译中所涉及的文化背景和跨文化交流能力的理解。通过测试学生的这些能力，可以更好地评估他们在英语翻译领域的实际水平。

对学生的学习过程进行评价时，应更多关注他们在学习活动中的参与热情和积极性，包括出勤率、课堂表现、作业完成情况以及在课外自主学习等方面的表现。这些因素能够反映学生对待学习的态度和积极性，对于提高学习效果具有重要意义。

具体的评价过程应由教师和学生共同完成，双方都需要付出一定的努力和时间。在评价过程中，教师应充分利用现代教育技术，如慕课平台，收集和分析学生学习行为的数据。这些大数据可以为评价学生的学习态度和表现提供有力依据，有助于教师了解学生的学习状况。

同时，学生在慕课平台上的讨论区表现也可作为评价学生成绩的一个标准。在讨论区，学生可以发表自己的观点、分享学习心得，以及互相解答疑问。这种积极的互动既有助于提高学生的思维能力、沟通能力和团队合作精神，也是学生学习成绩的重要组成部分。

第二节 微课教学模式及其在高校英语翻译教学中的应用

微课作为一种新型教学资源，近年来备受瞩目。它以篇幅短小、线上学习、可多次使用等优势，引起了教师和学者的广泛关注。

一、微课教学模式概述

（一）微课教学模式的概念

2008年，美国新墨西哥州圣胡安学院的戴维·彭罗斯（David Penrose）最先提出微课的概念，他认为微课是利用建构主义理论进行构建的，以线上学习和移动学习为主的教学形式，是一种基于在线课程而优化得到的更快捷方便的新型教学模式。[1]

胡铁生老师是我国最早研究微课的人，也是最早给微课下定义的人。[2]2011年10月，他对微课的概念进行了界定，认为微课是根据课程标准

---

[1] 洪岩，梁林梅.从精英到公众的开放资源:TED 的发展及启示[J].现代教育技术，2013，23（04）：12-15.

[2] 胡铁生.微课：区域教育信息资源发展的新趋势[J].电化教育研究，2011（10）：61-65.

和课堂教学实际，以教学视频为主要载体，记录教师在课堂实际教育教学中针对某一个具体的知识点，或者其中的一个教学环节，而开展的精彩教与学活动中所需要的多种教学资源的有机结合体。[①]此后的大多数研究者在进行微课研究时，均根据微课的发展现状，结合自身经验对微课进行了重新定义，总体可分为三类：一类强调"微"，认为微课是短小精悍的视频；一类强调"课"，认为微课与传统课堂相同，也需要教学目标、教学重难点、教学过程、习题、课件等；还有一类强调"资源"，认为微课是由一系列微视频组成，以供学习者利用网络实现在线学习。

作者根据自身的微课使用经验，结合以上不同学者对微课的定义，概括了自己对微课的理解："微课"主要是指针对教学中某个具体的知识点或者单个习题、实验进行针对性的讲解，以短小精悍、录制时长一般在5到8分钟的视频为主要载体，承载着课堂知识的传授过程。教师课上播放的某些趣味视频或生活现象视频也是微课资源的重要组成部分，与微课教学有关的其他资源（如微课的教学设计、各种素材、反思、测验、学生反馈等）也是设计与制作微课不可或缺的部分。这些资源通过利用各种在线平台或微博、微信等网络软件为媒介，非常方便地实现了资源传播和共享。学习者只需利用互联网和电子设备（手机、平板等）就可以随时随地进行自主、个性化的学习。

（二）微课教学模式的分类

根据不同的分类标准，微课有多种分类方式，作者仅选择了下面两种较为常见的分类方式进行介绍。

1.按照教学方法分类

根据教学时所采用的教学方法可将微课分为七大类：讲授类、问答类、启发类、讨论类、演示类、练习类、实验类。一节微课可以是只属于某一类的微课，也可以是两种或者两种以上类型的组合（如练习类和实验类结合）。

[①] 胡铁生，黄明燕，李民.我国微课发展的三个阶段及其启示[J].远程教育志，2013，31（04）：36-42.

这七类微课也并不是确定不变的，随着教学方法和手段的创新，微课类型也应该随之进行更新，在教学实践中发展和完善。

2.按照教学环节分类

按照应用微课的不同教学环节进行分类，可以将微课分为课前预习型、课中讲解型、课后巩固型三种。

课前预习型微课：课前预习是教学活动中不可或缺的重要环节，有效地预习可以大大提高课堂效率。课前预习型微课是指教师根据实际需要，录制用于正式上课之前由学生自行观看的有关本节内容的相关视频。

课中讲解型微课：课堂教学是教学活动的中心环节，课堂教学的效果将直接影响学生对知识的掌握情况。课中讲解型微课便是教师为了帮助学生理解抽象概念，或直观展示某些具体现象等在课上所使用的视频微课。

课后巩固型微课：指为了帮助学生构建自己的知识体系，更好地消化和掌握知识，将课堂知识点进行精华提炼、归纳梳理，配以习题训练制作而成的由学生课后自行观看学习的微课。

当然，无论根据哪种方法进行分类的微课都不是绝对单一的，同一节微课按照不同的分类方法也可以归为不同的类型。

（三）微课教学模式的特点

1.内容的针对性

主题突出鲜明是微课的一大优势特点，设计微课时，必须明确教学主题。教学内容必须具有针对性，可根据教学重难点或者学生反馈，一节微课只集中解决某个具体的知识点，以满足学生的具体需要，一节优质的微课要以解决学生的个性需求为目标。

2.时长的简短性

在设计微课时，总时长尽量控制在5到8分钟，最长不超过10分钟，这样学生才可能始终保持注意力集中，全身心地投入到学习中。这就要求教师在设计微课时做到每一秒钟都和教学主题相关，避免其他无关内容的引入和讲解，不能将传统授课的教学思维带入简短的微课设计中。

3.过程的完整性

微课虽然时间短，内容少，但也并不是知识点的简单浓缩，而应该是一个系统且完整的教学过程，应当包括微课引入、内容讲解、归纳总结三个基本的教学环节。

二、微课教学模式在高校英语翻译教学中的应用优势

（一）提升学生学习效率

在我国的高校英语翻译教学过程中，微课教学方法的应用被广泛认为是提高教学效果的有效途径。

首先，将教学内容、知识点以视频形式呈现，使原本枯燥的学习材料变得生动有趣，这有助于提高学生的学习兴趣和积极性。例如，教师可以通过微课视频向学生展示英语翻译的实际应用场景，使学生能够更好地理解和掌握翻译技巧和方法。

其次，微课教学方法有利于提高教学效率。通过将教学内容拆分成一个个微小的知识点，学生可以根据自己的学习进度和理解能力进行自主学习，避免了传统教学中的被动接受式学习。同时，学生之间可以相互转发、分享视频资源，形成良好的学习氛围，从而促进学生的自主学习发展。

最后，学生个体英语能力、基础和兴趣存在较大差异，对翻译教学的认识和理解也各不相同。微课教学方法允许学生根据自己的兴趣爱好自由选择学习内容、时间和地点，从而满足不同学生的个性化学习需求。这有助于提高学生的学习满意度，增强他们的学习动力。此外，微课教学方法还可以有效提升学生的翻译实践能力。教师可以通过微课视频向学生展示各种翻译场景，学生可以跟随视频进行实际操作，从而提高自己的翻译水平。同时，教

师可以设置一些翻译任务，让学生在完成任务的过程中学习和提高。

（二）有效弥补教学不足

微课视频作为一种新型的教学方式，已经在我国的教育领域得到了广泛的应用和推广。它们在教学中的应用不仅凸显了学生的学习主体地位，也有效地提高了教学效果，推动了学生翻译能力的提升。

首先，微课视频能够满足学生的个性化需求。学生可以根据自己的学习进度和需求，选择学习内容和时间，这种方式极大地激发了学生的学习积极性。此外，微课视频中的内容具有明显的重点和难点，这些内容可以通过反复观看和理解来深入掌握。这种方式不仅可以节省学习时间，也能够提高学习效率。

其次，微课视频不受时空条件的限制，学生可以在任何时间、任何地点进行学习，这种方式极大地提高了学生的参与积极性和主动性。同时，微课视频也提供了丰富的学习资源，教师可以根据教学需要，选择合适的微课视频进行教学，这种方式可以有效地提高教学效果。

最后，微课视频采用新的教学方式和手段，突破了传统教学的时空约束，能够满足不同学生的学习需要。例如，一些学生可能更适合通过观看视频来学习，而传统的教学方式可能无法满足他们的需求。微课视频的出现就可以有效地解决这一问题。另外，基于多媒体技术的微课教学更具生动性、趣味性。在传统课堂上，教学内容、情境和方法比较简单单一，学生感到十分单调枯燥。而微课视频可以创设身临其境的教学情境，辅以视频播放技术刺激学生学习兴趣，为他们创造一个充满新鲜感、趣味性的教学情境，有利于打消学生的畏难情绪，提高学生的学习积极性和主动性。

（三）精细教学整体过程

微课教学模式作为一种新型的教学方法，已经广泛应用于我国各类教育领域，它倡导以学生为中心，关注学生的个体差异和需求，从而提高教学过程的精细化水平。

首先，采用微课教学模式，能够提高教学过程的精细化水平。传统的教学模式往往注重知识的传授，而忽视了学生的个体差异和需求。而微课教学模式则强调以学生为中心，根据学生的学习情况和学习需求，设计出针对性的教学内容，从而提高教学过程的精细化水平。例如，在翻译教学中，教师可以根据学生的语言水平、翻译经验和翻译偏好，设计出适合他们的微课程，帮助他们更好地理解和掌握翻译技巧。

其次，学生能够根据微课内容做好学习准备。微课教学模式强调以学生为中心，注重学生的主动学习和自主学习。学生可以根据自己的学习进度和需求，通过反复观看微课程来解决学习中的难点和疑问。这样学生就可以提前通过微课预习，对课堂内容有更深入的理解和掌握，从而在课堂上与教师进行深层次的交流和讨论，促进师生教学良性发展。

最后，微课教学模式能够充分发挥其优势，提高翻译教学效果。翻译教学是一项复杂的任务，需要学生具备扎实的语言基础和丰富的翻译经验。而微课教学模式则可以通过设计出针对性的微课程，帮助学生更好地理解和掌握翻译技巧，提高翻译教学效果。

三、微课教学模式在高校英语翻译教学中的应用策略

（一）课前教学视频制作

在现代教育环境中，教师的角色正在发生深刻的变化。他们不再仅仅是知识的传递者，而是成为学习过程中的引导者、组织者和辅导员。在这个角色转变的过程中，翻译教学也在不断地创新和进步。为了让学生的学习更加高效，教师将翻译教学内容精细化、分类化，分为基础理论、实用技巧、翻译案例以及数据库等多个模块。这样的教学策略有助于学生更好地掌握知识，提高学习效果。

在这一过程中，微课视频作为一种新兴的教学资源，受到了广泛的关注。教师借助视频制作工具和软件程序，将一堂课的知识内容压缩、精简，

制作成时长约8~10分钟的微课视频。这些视频不仅为学生提供了预习的辅助和参考，而且还激发了学生的学习兴趣，提高了课堂的活跃度。此外，教师还设计了课堂案例分析环节，组织学生进行延伸学习，以培养学生的实际操作能力和实践能力。

对于英语教师来说，制作微视频教学资料是一项重要任务。在制作过程中，他们需要对整体内容进行统筹规划，确保所有的教学难点和重点都能得到覆盖。同时，他们还要注意控制教学视频的时长，使之保持在5~10分钟之间，以便学生在短时间内获取有效的信息。此外，英语教师还需要注重微课教学内容的设计，保证主题鲜明、重点突出，并在课程结尾进行总结和概括，帮助学生巩固所学知识。

在视频拍摄和制作方面，质量是至关重要的。为了提高视频内容的识别效果，英语教师应采用高清摄像机、专业剪辑工具和录制软件来制作高清视频。同时，他们还需要关注视频的拍摄技巧，如合理运用镜头语言、音频处理等，以提升学生的观看体验。

（二）视频内容及时发布

为了充分发挥微视频的作用，教师在制作微视频时需要注意以下几点。

首先，教师应合理安排微视频的发布时间。通常来说，在上课前三天下载并发布微视频是比较合适的。这样的时间安排既可以避免影响学生整个学习计划，又能确保学生在上课前有足够的时间进行预习。如果发布时间过早，可能会导致学生对课程的兴趣减弱；如果发布时间过晚，可能会让学生预习时间不足，从而影响课堂教学效果。

其次，教师在上传微视频后，要密切关注学生的下载和使用情况。为确保学生能够顺利下载和使用微视频，教师可以采取一些措施，如定期检查视频上传情况、了解学生的反馈意见等。在必要时，教师还可以用简洁的语言介绍微视频的使用方法，以提高学生对该教学资源的利用效率。

再次，学生通过互联网下载和观看教学内容时，遇到学习难题可以对讲解过程进行反复播放。这样既能帮助学生加深对教学内容的理解，又能保证教学内容得到深入熟悉和掌握。对于自学无法解决的问题，学生可以留在课堂环节与教师交流，实现师生之间的有效互动。

最后，运用微视频进行课前预习有助于提高教学效果。教师通过合理制订教学计划、关注学生的学习需求，可以让学生在上课前对新知识有所了解，从而提高课堂教学的效率。同时，教师还可以根据学生的反馈调整教学策略，使课堂教学更加贴近学生的实际需求。

（三）课堂教学内容补充

在教学过程中，教师不仅需要具备专业的知识，还需要掌握教学策略和方法。在上课之前，教师可以利用课前几分钟引导学生们回顾之前学习过的视频内容，这样做有助于加深对所学内容的印象。视频是一种生动、直观的教学手段，但单纯地依赖视频也可能导致学生对知识点理解不深。因此，教师通过引导回忆，可以帮助学生巩固记忆，为接下来的课堂教学打下坚实的基础。

课堂上，教师要善于倾听学生的提问，对学生的问题进行汇总和总结，针对普遍性的问题进行深入分析，并给出详细的解答。这种互动方式有助于激发学生的学习兴趣，使他们更加投入课堂学习。同时，教师要对视频内容的重难点进行深入阐述，以便学生更好地理解和掌握。

（四）课后加强交流总结

在学生学习到新的知识和理论之后，教师需要指导学生进行总结和反思，找出自身不足之处，并制定相应的改进方法，以巩固学习效果。同时，教师还应接受学生的反馈，提供点评和改正意见。这有助于学生了解自己的学习情况，找到需要改进的地方，从而更好地提高自己的学习效果。这种互动环境充分体现了英语翻译教学的平等性和民主性，尊重了学生的学习主体地位。

此外，这种互动环境还可以激发学生的学习积极性，让他们更加积极主动地投入到学习当中。这种积极性对于提高学生的英语翻译能力至关重要。只有积极主动地学习，才能真正掌握所学知识，提高自己的翻译能力。

第三节 翻转课堂教学模式及其在高校英语翻译教学中的应用

翻转课堂模式作为一种充分发挥学生课堂主体地位的教学模式，近年来在我国教育领域得到了广泛的关注和应用。这种教学模式突破了传统课堂教学的束缚，将学习的主动权交还给学生，从而提高学生的兴趣和自主学习能力。在正式开展课堂教学前，学生需要提前对学习教学内容进行自学，这一过程可以培养学生独立思考和解决问题的能力。在自学过程中，学生可以将所获得的知识和经验带到课堂上，与教师和同学进行分享。这种课堂分享的形式可以丰富教学内容，激发学生的学习兴趣，同时也能培养学生的沟通能力和团队协作精神。教师在课堂上不再是单纯地传授知识，而是扮演着一个引导者和解惑者的角色，引导学生进行研讨，针对学生在自学过程中遇到的问题进行解答。

翻转课堂模式的引入使教师与学生之间的互动明显增加，课堂氛围更加活跃。在这种教学模式下，学生更愿意积极参与课堂教学，提高课堂参与度。此外，翻转课堂模式还有利于培养学生的创新能力，因为在自学和课堂讨论的过程中，学生需要不断地思考、提问和解决问题。将翻转课堂模式引入高校英语翻译教学，有利于提高学生的学习效率，增强高校英语翻译课程的教学效果。在这种教学模式下，学生可以充分利用课堂时间进行实践和互动，提高翻译技能。同时，教师可以根据学生的实际需求进行有针对性的辅导，提高教学质量和满意度。

总之，翻转课堂模式在高校英语翻译教学中的应用具有重要的现实意义。这种教学模式有助于提高学生的学习兴趣和自主学习能力，培养学生的沟通能力和团队协作精神，增强教学效果，提高教学质量。因此，我们有必要进一步探讨和研究如何在高校英语翻译教学中更好地应用翻转课堂模式，以提高学生的翻译水平和综合素质。

一、翻转课堂教学模式概述

（一）翻转课堂教学模式的溯源

翻转课堂作为一种新兴的教学模式，起源于20世纪末期，并在近年来得到了广泛关注和迅速发展。这一模式突破了传统课堂教学的局限，将学习过程的重心从教师转移到了学生，强调学生的主动参与和自主学习。翻转课堂不仅有助于提高学生的学习兴趣和成效，还能促进教师与学生之间的互动和合作，从而提升整体教学质量。

翻转课堂教学模式的起源可以追溯到美国教育家杰姆·莫里（Jimmy Li）和加拿大教育家阿尔特·鲍姆（Arthur Chickering）的研究。他们在1999年提出了"翻转课堂"这一概念，并倡导将课堂内的知识传授移到课堂外，让学生在课前进行自主学习，课堂时间则用于深入讨论和互动。这一理念在当时并未引起广泛关注，但随着互联网技术的快速发展，特别是网络教学资源的丰富，翻转课堂逐渐成了教育改革的重要方向。

翻转课堂教学模式的发展可以分为以下几个阶段。

初期探索阶段（2000—2009年）：在这一阶段，翻转课堂的理念逐渐被部分教师接受，并在个别学科领域开始尝试应用。由于网络资源的限制，翻转课堂的应用范围有限，但已显示出良好的教学效果。

快速发展阶段（2010—2014年）：随着网络技术的普及和在线教学资源的丰富，翻转课堂在全球范围内得到了广泛关注。许多国家和地区开始尝试推广翻转课堂教学模式，并在不同学科、年级和教育水平上进行实践。在这一阶段，翻转课堂逐渐成为教育创新的热点话题。

深化应用阶段（2015年至今）：在这一阶段，翻转课堂的应用逐渐趋于成熟，越来越多的教师开始关注学生的个性化学习和自主发展。翻转课堂不仅成为一种教学方法，还成为教育理念和教学文化的象征。越来越多的学校和教育机构将翻转课堂纳入教学改革计划，并进行系统化、规模化推广。

随着人工智能、大数据等技术的不断发展，翻转课堂教学模式将进一步

第四章 "互联网+"视域下高校英语翻译教学的创新模式

融入智能化、个性化的教育趋势。教师将更多地扮演着指导者和辅导员的角色，为学生提供更加精准、高效的教学支持。翻转课堂有望与其他创新教学模式相结合，共同推动教育事业的繁荣与发展。

（二）翻转课堂教学模式的定义

翻转课堂教学模式是一种创新的教学方法，其核心思想是将传统课堂中的教学顺序进行颠倒。在传统的教学模式中，通常是教师在课堂上讲授知识，然后学生在课后进行复习和作业。而翻转课堂教学模式则要求学生在课前通过观看教学视频、阅读教材等方式自主学习新知识，而课堂上则主要用于讨论、交流和解决问题。

这种教学模式的翻转不仅改变了学生的学习方式，也对教师的教学方式提出了更高的要求。教师需要提前准备好丰富多样的教学资源，引导学生进行有效的自主学习，并在课堂上组织有效的讨论和交流，帮助学生深化理解、巩固知识。

翻转课堂教学模式的实施需要依托先进的教学技术和教学平台。通过数字化教学资源的建设和应用，教师可以更加方便地制作和发布教学视频、课件等教学资源，学生也可以更加方便地进行自主学习和互动交流。同时，教学平台还可以提供数据分析、学习评估等功能，帮助教师更好地了解学生的学习情况，及时调整教学策略。

翻转课堂教学模式的应用不仅可以提高学生的学习效率和兴趣，还可以培养学生的自主学习能力和合作精神。在翻转课堂中，学生需要更加主动地参与到学习中来，通过与教师和同学的交流互动，加深对知识的理解和应用。同时，翻转课堂还可以促进学生的个性化学习，满足不同学生的学习需求和能力差异。

（三）翻转课堂教学模式的流程

翻转课堂基本模式的流程如下所述。

1.任务导学

教师根据教学目标，精心设计预习和复习的任务，以引导学生进行课外的自主学习。通过设定明确的目标和路径，教师可以帮助学生更好地理解课程内容，并为课堂上的互动和讨论做好准备。

2.视频助学

教师根据教学大纲的要求，将知识点进行细致划分，然后进行微课设计和录制。这些视频通常的时长为5～15分钟，涵盖了三种不同的类型。

第一种类型是新知学习视频，主要用于学生在新课前进行预习。教师通过问题引导的方式，帮助学生了解即将学习的内容，并布置相关的预习任务，为课堂上的深入学习做好准备。

第二种类型是复习视频，主要用于学生在复习课前进行知识点的总结和梳理。通过回顾和总结之前学过的内容，学生可以巩固所学知识，并为课堂上的复习和讨论做好准备。

第三种类型是易错点学习视频，这类视频针对学生在课堂练习或考试中容易出错的难点进行解析。通过分析出错原因和纠正方法，帮助学生自主反思和提升，避免在以后的学习中再次出错。

3.习题测学

教师定期发布在线习题，用以检测学生通过视频助学的学习效果。这些习题与学生的学习进度同步，以章节为单位，以便学生进行及时的自我检测。每个章节结束时，再进行一次验收测试，以便对比学生在不同阶段对知识的掌握程度。通过这种方式，学生可以及时了解自己的学习状况，发现并纠正理解上的偏差，同时也可以加深对知识的理解和记忆。

4.活动与互动

根据不同的教学内容和学生能力发展的目标，教师可以设计各种不同形式的小组合作学习活动，以满足学生的需求和激发他们的学习兴趣。这些活动形式灵活多变，包括小组讨论、角色扮演、案例分析、团队项目等。通过小组合作学习，学生可以在互动中互相学习、互相帮助，提高团队协作和解决问题的能力。

5.反馈评学

通过这种方式，翻转课堂实现了课外和课内教学的有机衔接和相互促进。教师可以更好了解学生的学习需求和困难，及时调整教学策略和方法，提高教学效果，同时也可以帮助学生更好地掌握知识和技能，促进他们的全面发展。

6.合作共学

首先，教师可以根据学生的特点和需求进行合理的分组，使不同类型的学生能够相互搭配和互相补充。同时，在小组内进行明确的分工，让每名学生都能够承担一定的任务和责任，这样可以培养学生的责任感和团队合作意识。

其次，教师可以通过制定过程监控策略，及时掌握学生的学习情况和进度。通过及时给予指导和帮助，教师可以帮助学生克服困难，提高学习效果。

最后，教师可以通过组织小组内的交流和讨论活动，鼓励学生相互学习和分享经验，促进小组内的共享互助。同时，教师也可以根据学生的学习情况进行评价和反馈，及时表彰优秀的小组和个人，激励更多的学生积极参与小组合作学习和讨论。

7.竞争检测

在翻转课堂中，学生通过课前观看教学视频和完成预习任务，自主掌握学习进度和节奏，将知识传授过程从课堂转移到了课前。课堂上则主要进行知识内化的过程，包括小组讨论、互动交流、答疑解惑等，以深化学生对知识的理解和应用。

这种教学模式使师生角色发生了显著变化。在翻转课堂中，学生成为学习的主体，积极参与预习、课堂讨论和互动等活动，对自己的学习负责，而教师的角色转变为学生学习的指导者。

此外，翻转课堂重新规划了课堂时间的安排，改变了传统教学模式中以教师讲授为主的策略。在翻转课堂中，课前预习和课堂讨论的时间比例可以根据实际情况灵活调整。课堂上不再是一味地听讲，而是更加注重学生的参与和互动，给予学生更多的思考和实践机会。

（四）翻转课堂教学模式的任务

翻转课堂教学的主要任务包括以下几个方面。

1. 系统梳理

在翻转课堂上，教师可以和学生一起回顾本单元的知识点，通过绘制知识图谱或知识树等方式，将知识点进行整理和归类。这样可以帮助学生清晰地理解学科的全貌和知识点之间的联系，形成完整的知识体系。通过建构知识体系，有助于学生更好地理解和应用所学知识，提高学习效果和思维能力。

2. 巩固强化

发放学习任务单或导学案是巩固强化学生理解相关知识的重大举措，可以帮助学生更好地理解和掌握学习内容。

学习任务单或导学案是教师根据学生的学习情况和教学目标，结合教学内容和视频内容，精心设计和准备的一种学习材料。它包含了作业题、学习目标、学习内容、学习任务和反馈等内容，可以帮助学生更好地理解和掌握学习内容，提高学习效果。

3. 探究创新

探究活动是学生学习和发展的重要组成部分，它可以帮助学生深入理解知识，培养创新思维和解决问题的能力。探究和创新的过程不仅可以帮助学生掌握知识，还可以培养他们的创新意识和能力。在面对不确定的未来社会时，探究和创新的能力尤为重要，它们是学生适应未来社会和发展的重要保障。

4.拓展加深

在翻转课堂上，教师可以根据学生的学习情况和兴趣，准备有深度的学习内容和问题，引导学有余力的学生进一步探索和挑战。这些问题可以涉及更高级别的概念、原理或技能，旨在提高学生的思维能力和解决问题的能力。同时，教师可以通过"实时走班"或"及时分组"等教学形式，将不同水平的学生进行合理搭配和组合，以便更好地满足他们的学习需求。这样可以让学生在小组内互相学习和交流，促进知识的共享和提升。

（五）翻转课堂教学模式的特征

1.教学视频短小精悍

在翻转课堂模式下，教学视频的设计和应用显得尤为重要。在这种模式下，教学视频短而精，即视频的时间应尽量简短，控制在10分钟左右。这种短时间的设计有利于学生在短时间内集中注意力，快速吸收视频中的信息。同时，简短的视频也便于学生在课后自主学习，提高学习效率。此外，教学视频的精要简练也是翻转课堂模式下的一个重要特点。这不仅体现在视频内容的精练上，还体现在视频制作流程的精简上。视频制作应尽量避免烦琐的流程，提高制作效率，以便教师有更多的时间进行课堂辅导和答疑。

在内容上，教学视频应涉及一个或最多两个知识点。这既保证了视频的针对性和实用性，又使视频内容更加紧凑，易于学生理解和掌握。同时，通过视频教学，教师可以更好地引导学生进行自主学习，培养学生的独立思考和解决问题的能力。在实际应用中，教学视频的设计和应用应与翻转课堂的其他环节相协调，形成一个完整的教学体系。例如，在教学视频制作完成后，教师可以通过线上平台发布视频，学生可以在课前观看，课堂上进行讨论和互动，课后进行复习和巩固。这样教学视频才能真正发挥其在翻转课堂中的作用，提高教学效果。

2.学习时间自由灵活

在传统的教学模式中，教学进度和教学时间往往受到严格的限制，教师和学生在课堂上的互动和交流也受到时间和空间的限制。然而，随着教育技术的不断发展，翻转课堂作为一种新兴的教学模式，逐渐引起了教育工作者和研究者的关注。翻转课堂是指教师在课前将教学内容以视频、PPT等形式进行数字化处理，学生则在课前自主观看这些教学资源，而在课堂上则主要进行互动和讨论。

翻转课堂的核心理念是打破传统的时空限制，使教学过程更加自由灵活。教师可以根据学生的学习进度和兴趣，自由地设置教学时间和地点，这使教学过程更加个性化，有利于激发学生的学习兴趣和积极性。同时，翻转课堂也有利于师生和生生间的互动，教师可以通过网络平台与学生进行实时交流，学生也可以在课堂上与同学进行深入讨论和交流，有助于提高学生的学习效果和能力。从教育学的角度来看，翻转课堂作为一种新兴的教学模式，其实质上是教育理念的转变和教育方法的改进。传统的教学模式是以教师为中心，学生被动接受知识，而翻转课堂则是以学生为中心，学生主动获取知识。这种教育理念的转变有助于提高学生的学习积极性和主动性，培养学生的创新能力和实践能力。此外，翻转课堂还有利于提高教师的教学能力和教学效果。教师可以通过网络平台收集大量的教学资源，提高教学质量，同时也可以通过网络平台与学生进行实时交流，了解学生的学习情况，从而调整教学策略，提高教学效果。

3.学生全面发展

通过翻转课堂，教师可以更好地了解学生的学习需求，并根据不同学生的学习能力和知识吸收情况，提供个性化的指导，从而最大限度地帮助所有学生得到全面发展。

首先，翻转课堂有助于提高学生的自主学习能力。在传统的教学模式中，学生通常依赖教师的课堂讲解来获取知识。然而，翻转课堂却将课堂的重心从教师的讲解转向了学生的自主学习。学生可以在课前通过教师发布的学习资料，如视频、PPT、练习题等来预习课程内容。这样一来，学生在上课时就可以更加主动地参与课堂讨论，提出问题，发表观点，从而提高学习效果。

其次，翻转课堂有助于提高教师的教学效果。通过翻转课堂，教师可以更好地了解学生的学习进度和需求，从而更有针对性地进行教学。教师可以在课前通过观察学生的学习资料，了解学生的学习困难和问题，并在课堂上进行有针对性的讲解和指导。这样一来，教师可以更好地引导学生进行深入学习和思考，提高教学效果。

最后，翻转课堂还有助于提高学生的学习兴趣和动力。在传统的教学模式中，学生通常需要等待教师的讲解，而翻转课堂却将课堂的主动权交给了学生。学生可以在课前自主选择学习资料，制订学习计划，更加主动地参与到学习中来。这样一来，学生可以更好地体验到学习的乐趣和成就感，从而提高学习兴趣和动力。

二、翻转课堂教学模式在高校英语翻译教学中的应用优势

（一）激发学生对翻译的探索欲望

传统的高校英语翻译教学模式存在许多不足之处。长期以来，这种教学模式采用灌输式、"填鸭式"的教学方法，教师在课堂上占据主导地位，学生只能被动地接受知识。为了改变这种状况，翻转课堂与互联网技术深度融合，成为一种新兴的教学模式。在这种模式下，教师可以利用互联网为学生提供最新的学习素材，激发他们的学习兴趣。同时，教师还可以将部分教学任务分担给学生，让他们承担教师的角色。例如，教师可以提前布置预习和自学任务，让学生在课堂上为其他同学讲解教学内容。这样一来，学生在备课过程中会深入挖掘知识，最大限度地激发他们的知识探索欲望。在探索过程中，学生内化了各种英语翻译知识，在真正意义上提升了英语翻译能力。

此外，翻转课堂教学模式还有助于培养学生的自主学习能力。在这种模式下，学生从被动接受知识转变为主动参与学习，培养了他们独立思考、合作交流的能力。教师则更多地扮演指导者和引导者的角色，为学生提供个性化的学习支持和辅导。这种教学模式不仅激发了学生的学习兴趣，还有助于培养他们的综合素质和能力。

（二）帮助学生实现语言知识的积累

翻转课堂的应用不仅能够提供更多的翻译教学资源，还能够突破时间和空间的限制，使学生随时随地进行翻译训练。这种灵活的学习方式有助于学生在日常生活中积累语言知识，提高翻译能力。此外，翻转课堂还提供了多样化的学习方式，如小组讨论、在线互动等，有助于培养学生的团队合作精神和语言运用能力。

在翻转课堂教学模式下，教师可以针对学生的学习进度和需求，提供个性化的翻译训练资源，从而提高学生的学习效果。此外，教师还可以利用翻转课堂的数据分析功能，了解学生的学习情况，调整教学策略，提高教学效果。[①]

（三）培养学生对翻译的兴趣

翻转课堂将传统的课堂模式进行了颠覆性的改革。在这种模式下，师生角色互换，学生可以在课前自主学习教学内容，而在课堂上，学生则可以与教师进行互动和讨论，教师则主要负责解答学生的疑问和提供指导。这种模式使课堂教学活动更加丰富，整体的教学氛围也更好。

在翻转课堂中，教师可以根据翻译教学的具体内容，制作微课来辅助教学。微课是一种短视频教学形式，它具有很强的趣味性，学生可以反复观看，从而深化对难点和易错点的理解。这种教学形式可以帮助学生更好地掌握翻译技巧，提高翻译水平。此外，翻转课堂还可以提高学生的学习兴趣和学习积极性。在这种模式下，学生可以在课前自主学习教学内容，到了课堂上，他们可以与教师进行互动和讨论，这使他们提高了对翻译课程的兴趣。同时，翻转课堂还可以激发学生的学习积极性，使他们更加愿意主动学习翻译技巧。

[①] 蒋晶.翻转课堂在英语翻译教学中的应用研究[J].中国教育技术装备，2017（22）：75-76.

三、翻转课堂教学模式在高校英语翻译教学中的应用策略

（一）课前准备阶段

1.教师层面

从授课教师的角度来看，他们肩负着明确教学主要目标、高质量备课以及制作具有明确指向性课件的重要任务。为了达到这些目标，教师需要付出极大的努力和耐心。备课工作的优秀与否，直接影响到教学效果的好坏，因此备课工作具有全面性、充分性、灵活性以及指向性等特点至关重要。

首先，全面性和充分性是备课工作的基础。这意味着教师需要在备课过程中，充分考虑课程的各个方面，包括基本内容、重要知识点、学生需求和自身特长等。在此基础上，教师还需注重备课的灵活性，以应对教学过程中可能出现的突发情况。

其次，在制作课件时，教师应具备明确的指向性。这意味着课件内容应紧密围绕教学目标，突出重点，帮助学生更好地理解和掌握知识。同时，课件还应具有一定的吸引力，以激发学生的学习兴趣和积极性。

在此基础上，教师需要充分了解自身特长，并在课件制作过程中充分发挥自身优势。这不仅有助于提升课件的质量，还能在传授知识的同时，展示教师个人的风格和特点。教师应明确认识到只有枯燥的知识点是无法有效吸引学生注意力的，内涵丰富、形式多样的课件才能赢得学生的喜爱，进而激发他们的学习热情。

最后，教师在备课过程中，还需充分了解学生的需求、兴趣和特点。这有助于教师更好地调整教学策略，以适应不同学生的学习需求。在备课过程中，教师应尽量采用生动、有趣的方式呈现知识，以激发学生的学习兴趣，让他们在轻松愉快的氛围中学习。

2.学生层面

翻转课堂为学生提供了全新的学习方式。它将传统的课堂讲授转化为学

生自主学习的模式，对学生提出了更高的要求，同时也赋予了他们更大的学习自主权。从学生方面来看，翻转课堂对于学生的要求主要包括以下几个方面。

首先，学生需要通过课外自学获取基本的专业知识。这意味着学生要能够独立地了解和掌握基本的句型语法和翻译内容，这一步骤的完成为学生在课堂上深入探讨和解决自学过程中遇到的问题奠定了基础。

其次，学生在课堂上需要与教师和其他学生进行互动讨论。这种讨论不仅能够帮助学生解决自学过程中的困惑，还能够使他们在不断强化基础知识的同时提升自己的翻译水平。

对于学生来说，在学习这些教学课件的过程中，他们需要明确高校英语翻译课程的学习目的。这个目的不仅是学会翻译，更是在此基础上牢牢把握其中包含的重要知识点和翻译要点，深入理解其中蕴含的深层含义。

在这个过程中，学生的角色发生了根本性的变化。他们不再是被动的接受者，而是主动的参与者。他们需要积极地思考，提出问题，解决问题，从而实现自我学习，提升自我能力。

（二）教学实施阶段

翻转课堂的教学模式强调学生在学习过程中的主体地位，教师的角色转变为引导者和辅导者，从而实现教学的个性化、差异化。

首先，从思想上重视翻转课堂这一有效的教学模式，并愿意在实践中为实施翻转课堂教学创造良好的环境，促进翻转课堂教学模式在英语翻译教学中的应用。翻转课堂模式是一种以学生为中心的教学模式，它强调学生的自主学习和主动探索。因此，学生需要转变传统的学习观念，从被动接受知识转变为主动探索知识，从被动学习转变为主动学习。

其次，在具体开展翻转课堂教学的过程中，教师要根据学生的综合能力和水平进行科学的分组，通过分组合理地分配教学资源，让综合能力较强的学生带动综合能力较弱的学生，达到互帮互助、共同进步的效果。分组教学是一种常见的教学方式，它可以提高学生的学习积极性和学习效果。教师可以根据学生的学习习惯、学习兴趣、学习动机等因素，将学生分为不同的组，从而使每个组的学生都能够找到适合自己的教学方式。

(三) 教学评价阶段

在教学评价阶段，教师需要通过多方面的反馈情况对教学成果进行检验，包括教师的教学效果和学生的学习效果。这种检验不仅有助于教师发现教学过程中的问题，也有助于教师进一步优化教学内容和流程，为更好地开展翻转课堂教学创造有利的条件。

从教育者的视角出发，通过学生对其所制作的课件及其他学习资源的反馈评价，教师可以深入了解自身在课件制作方面的不足之处，从而为进一步提升课件质量奠定坚实的基础。同时，学生的反馈也能帮助教师全面审视自身的知识储备及知识应用能力，进而在教学理念、教学方法、课前准备等方面作出相应的调整和改进。此外，教师应积极与其他教育工作者进行交流，尊重并采纳同行的评价和建议，及时发现并纠正自身在教学过程中的问题或不足。

从学生的角度来看，最为有效的学习成果评价途径在于通过课后自主学习掌握基础的翻译知识，并在课堂互动中解决自学过程中遇到的疑难问题，从而实现专业素质和能力的全面提升。学习效果的评估方法多样，既可以通过测试对重点知识的掌握情况，也可以通过翻译具体内容的方式来检验学习成果。学生应根据评估结果识别自身的薄弱环节，有针对性地进行补充和改进，以不断提高学习效率。

在教学评价过程中，还需要关注教学评价的公正性和客观性。公正性和客观性是教学评价的基本原则，只有这样才能保证教学评价的有效性和准确性。因此，在教学评价过程中，我们需要确保评价的公正性和客观性，避免因为个人情感或利益而导致的评价偏差。

第四节 混合式教学模式及其在高校英语翻译教学中的应用

混合式教学模式作为一种融合了传统面对面教学与在线学习的新型教学模式，逐渐受到了广大教育工作者的关注和认可。这种教学模式不仅充分发挥了传统课堂的优势，还通过引入在线学习元素实现了教学的多元化和个性化。在高校英语翻译教学中，混合式教学模式的应用显得尤为重要。

一、混合式教学模式概述

（一）混合式教学

混合式教学是一种结合传统面对面教学和在线教学的教学模式。它将二者的优点结合在一起，旨在为学生提供更加灵活、多样化和个性化的学习体验。

在混合式教学中，教师可以使用在线工具和平台来辅助课堂教学，如在线课程、学习管理系统、社交媒体等。这些工具可以帮助学生随时随地进行学习，并提供更多的互动和参与机会。同时，面对面教学可以通过小组讨论、演示、讲解等方式来深化学生对知识的理解和应用。

混合式教学不仅可以提高学生的学习效果，还可以帮助教师更好地评估学生的学习进度和成果。通过在线测试和作业，教师可以及时了解学生的学习情况，并给予及时的反馈和指导。此外，混合式教学还可以促进师生之间的交流和互动，增强学生的学习动力和兴趣。

（二）混合式学习

在混合式学习中，教师角色发生了很大的变化。他们不再是知识的传递者，而是引导者、指导者，帮助学生进行自主学习。教师需要根据课程特点和学生需求，设计有针对性的教学方案，将课程内容进行合理分割，以便学生能够分阶段完成学习任务。在这一过程中，教师要注重培养学生的自主学习能力，引导他们养成良好的学习习惯。

混合式学习对学生的学习方式也提出了新的要求。学生需要充分利用网络资源，如教学视频、课件、文献资料等，进行自主学习。此外，学生还要积极参与小组讨论，与他人分享学习心得，提高自己的沟通能力和团队合作精神。在这种学习模式下，学生要学会管理好自己的时间，合理安排学习进度，以实现高效学习。

混合式学习的实施离不开先进的信息技术支持。学校应加大投入，改善网络硬件设施，为师生提供便捷、高效的信息交流平台。同时，教育部门要积极推动教育教学改革，引导教师转变观念，提高混合式教学水平。此外，家长和社会也要共同关注和支持混合式学习的发展，为培养具有创新精神和实践能力的新一代人才贡献力量。

（三）混合式教学模式的基本特征

1.混合性

混合式教学不同于单一的传统课堂教学和在线网络教学，混合性是该模式最大的特征之一。混合式教学有机结合了传统课堂教学和在线网络学习两种独立的教学模式，充分发挥二者优势，以实现教学质量的提高和教学效率的提升。首先，在线网络学习的优势得以保留。在线网络教学突破时空的限制，学习时间和地点不再拘泥于课堂和教室，学习内容也不再局限于教材；其次，传统课堂教学的优点也得以保留。在传统课堂中，教师可以系统地为学生讲授课程内容，面对面的教学互动也可以在一定程度上弥补学生因单一线上学习而出现的情感缺失问题，帮助学生健康全面、自由完善地发展。

2.整体性

混合式教学包含线上网络学习和线下课堂教学两部分，但混合式教学模式的有效开展需要摒弃碎片化思维，用综合化思维来处理，即根据具体的课程和学科特点择优选择要素组合以构建线上线下混合式教学高效课堂。在混合式教学中，线上网络学习和线下课堂教学两环节都是必不可少的，因此两环节是否能完美衔接过渡成为混合式教学开展成功与否的关键，特别是知识内容的衔接应做到由浅到深、层层递进。此外，教师在进行混合式教学实践时还需要结合教学规律、原则、任务、方法及条件等对教学过程作出科学合理的安排，以实现混合式教学过程的整体优化，使教学过程在规定时间内达到最佳的教学效果。

3.发展性

相对于传统课堂教学，混合式教学模式实现了学习时间、空间与内容的开放性与发展性，具体表现有三个方面：首先，时间上从课内向课外延伸；其次，空间从教室向网络空间拓展；最后，内容从教材向广泛资源扩充，丰富的网络资源开阔了学生的视野，为学生全面个性发展创造了现实的有利条件。可见，混合式教学模式具有前沿性、时代性和开放性，该模式的运用有利于培养学生的创造性和发散性思维，提升学生的综合能力。

4.高效性

混合式教学模式坚持以学生为中心，鼓励学生在教师的指导下主动建构知识。在混合式教学线上环节，学生可以根据自己的认知水平、个性发展需求及兴趣爱好等自主学习新知识；在混合式教学线下环节，学生在教师指导下对学习内容进行建构与加工，从而掌握知识、增强能力及提升思想境界；此外，在课后，学生可以再次通过平台进行学习巩固，教师也能精准辅导、因材施教。可见，混合式教学模式有助于教学的高效开展。

（四）高校英语混合式教学模式的优势

1.有利于打破传统教育的藩篱

高校英语混合式教学模式有利于打破传统教育的藩篱，为学生的学习提供更加灵活、便捷和高效的学习环境。

首先，高校英语混合式教学可以打破传统教育的地域限制。传统的英语教学往往需要学生在固定的时间和地点参加课堂教学，而人工智能时代的高校英语混合式教学可以通过网络平台进行教学，学生可以在家中通过电脑、手机等设备随时随地地学习。这种方式不仅方便了学生的学习，也使教育资源得以更加充分的利用，促进了教育公平。

其次，高校英语混合式教学可以打破传统教育的教学方式。传统的英语教学往往采用单一的教学方式，如教师讲解、学生听讲、学生练习等，高校英语混合式教学可以采用多种教学方式，如在线视频、在线互动、在线模拟等，可以激发学生的学习兴趣，提高学生的学习效果。

再次，高校英语混合式教学可以打破传统教育的教学内容限制。传统的英语教学往往只注重语法、词汇、阅读等基础知识的教授，而高校英语混合式教学则可以教授更加丰富的教学内容，如口语、听力、写作、翻译等，这种方式可以提高学生的英语综合能力，满足学生的多元化学习需求。

最后，高校英语混合式教学可以打破传统教育的评价方式。传统的英语教学往往采用考试成绩作为评价标准，而高校英语混合式教学则可以采用多种评价方式，如在线测试、作业评分、课堂表现等，这种方式可以更加客观、全面地评价学生的学习效果，促进学生的全面发展。

2.有利于促进英语教学的发展

通过混合式教学，教师可以更好地满足学生的学习需求，提高教学效果。

第一，混合式教学可以提高学生的学习兴趣和参与度。传统的课堂教学方式往往比较单一，学生容易感到枯燥和无聊。混合式教学可以通过在线学习、小组讨论等方式，让学生更加主动地参与到学习中来，提高学生的学习兴趣和参与度。

第二，混合式教学可以提高学生的自主学习能力和合作能力。在混合式教学过程中，学生需要自主安排学习时间和学习内容，同时也需要与小组成员合作完成一些学习任务。这种自主学习和合作学习的方式可以培养学生的自主学习能力和合作能力，为他们的未来职业生涯做好准备。

第三，混合式教学可以提高教师的教学效果和教学质量。通过混合式教学，教师可以更好地了解学生的学习情况和需求，更好地调整教学内容和教学方式，提高教学效果。同时，混合式教学也可以让教师更好地利用各种教学资源提高教学质量。

3.有利于实现学生的自主学习

高校英语混合式教学有利于实现学生自主学习，具体表现在以下几个方面。

（1）个性化学习

传统的教学方式往往是以班级为单位进行教学，而高校英语混合式教学可以实现个性化学习。学生可以根据自己的学习进度和学习习惯，选择适合自己的学习方式和学习时间，如在线学习、自主学习、小组讨论等。这样不仅可以提高学生的学习效率，也可以让学生更好地掌握学习内容，提高学习兴趣和动力。

（2）互动性学习

高校英语混合式教学可以实现互动性学习。学生可以通过网络平台进行交流、分享和讨论，与同学互动、交流学习心得和经验，形成良好的学习氛围。此外，教师也可以通过网络平台与学生进行实时互动，解答学生的疑问，提供学习指导和建议，提高学生的学习效果。

（3）自主管理

高校英语混合式教学可以实现自主管理。学生可以通过网络平台自主管理自己的学习进度和学习计划，调整学习内容和时间，监控自己的学习效果，并评估自己的学习成果。这样不仅可以提高学生的自主学习能力，也可以培养学生的自我管理能力和自我约束能力。

（4）智能化评估

高校英语混合式教学可以实现智能化评估。教师可以通过网络平台收集学生的学习数据和反馈，对学生的学习情况进行分析和评估，提供个性化的学习建议和指导。此外，学生也可以通过网络平台对自己的学习情况进行评估和反馈，及时发现自己的不足和问题，并进行改进和提高。

（五）高校英语混合式教学的要素

1.技术支持

混合式教学需要借助先进的技术手段，如在线教学平台、虚拟现实技术、人工智能等。在线教学平台可以为学生提供随时随地的学习资源，方便学生自主学习。虚拟现实技术可以为学生提供更加生动、真实的语言学习环境，提高学生的学习兴趣和参与度。人工智能可以为学生提供个性化的学习方案，提高学习效果。

2.教学内容

混合式教学需要注重教学内容的创新和更新。教师应该根据学生的需求和实际情况，选择适合的教学内容，同时注重内容的实用性和针对性。教学内容应该包括语言知识、语言技能、跨文化交际等方面，以满足学生的不同需求。

3.教学方法

混合式教学需要采用多种教学方法，如在线教学、面授教学、小组讨论、角色扮演等。教师应该根据教学内容和学生的实际情况，灵活运用不同的教学方法，以提高教学效果。同时，教师还应该注重教学方法的互动性和趣味性，以提高学生的学习兴趣和参与度。

4.教学评价

混合式教学需要建立科学的评价体系，对学生的学习效果进行全面、客观的评价。评价体系包括在线学习成绩、面授考试成绩、小组讨论表现、角色扮演表现等方面，以全面评价学生的学习效果。同时，评价体系应注重评价的公正性和客观性，以提高评价的权威性和可信度。

5.教师角色

混合式教学需要教师扮演不同的角色，如在线教学的引导者、面授教学的设计者、小组讨论的组织者、角色扮演的指导者等。教师根据教学内容和学生的实际情况，灵活运用不同的角色，以提高教学效果。同时，教师还应该注重自身的学习和提升，以适应混合式教学的发展需求。

二、混合式教学模式在高校英语翻译教学中的应用优势

当前，我国高校英语翻译教学过程中存在着诸多问题，这些问题不仅影响了教学质量，也对学生的学习兴趣和动力造成了不小的冲击。因此，对当前教学模式进行改革显得尤为重要。在此背景下，混合式教学模式的引入和应用成为一种必然选择。通过将混合式教学融入高校英语翻译教学，有望在一定程度上提升教学效果。

（一）凸显学生主体地位

传统的翻译教学模式往往以教师为中心，学生的主体地位得不到充分发挥。混合教学模式作为一种新型的教学模式，是将传统教学与网络教学相结合的一种教学方式。它充分利用互联网技术，为学生提供了丰富的学习资源，有利于提高学生的学习兴趣和自主学习能力。在混合教学模式下，学生可以根据自己的实际情况开展学习，充分发挥学生的主体地位。因此，混合教学模式对于提高高校翻译教学的实践性具有重要意义。

学生的学习能力和个性特点在混合教学模式下也得到了极大的发展。首先，学生需要具备较强的自主学习能力，能够利用互联网自主查找、筛选、

整合翻译教学资源,从而提高学习效果。其次,学生的个性特点也得到了充分的尊重。混合式教学模式鼓励学生根据自己的兴趣和特长选择学习内容,有利于培养学生的创新能力和个性化发展。

然而,在我国高校英语教学中,长期以来,"以师为本"的教学模式占主导地位。教师在教学过程中占据主导地位,学生的主体地位得不到充分发挥。这种教学模式忽视了学生的个性化需求,不利于学生的全面发展。因此,将混合式教学模式融入教学课堂,能够有效解决这一问题,可以充分提高学生的主体地位。也就是说,在混合式教学模式下,学生可以充分利用互联网资源,开展各种学习活动。例如,学生可以通过网络平台进行在线讨论、在线翻译实践等,提高自己的翻译技能。

(二)培养学生创新意识

在我国高校翻译教学实践中,教师引导学生翻译英语资料的流程通常包括两个步骤:首先,教师会提供一段英文资料,然后让学生自主进行翻译;接着,教师会给出标准答案供学生参考。

这种传统的教学模式在短期内确实能够帮助学生快速掌握教师所讲解的翻译技巧和知识,然而,它也存在一定的局限性。首先,这种教学模式忽视了学生的主体地位。在这种模式下,学生只是被动地接受教师的指导,他们的主观能动性并没有得到充分发挥。他们没有机会去深入思考和理解翻译的内涵,更没有机会去发挥自己的想象力和创造力。因此,这种教学模式在一定程度上限制了学生的创新能力。其次,这种教学模式过于注重结果,而忽视了过程。学生只是按照教师给出的标准答案进行翻译,他们并没有真正理解翻译的过程和方法。他们没有机会去探索和尝试不同的翻译方法,也没有机会去发现和解决翻译过程中遇到的问题。因此,这种教学模式在一定程度上阻碍了学生的自主学习能力和实践能力的培养。

随着教育理念的更新和教学方法的改革,混合式教学模式逐渐成为高校翻译教学的新趋势。在这种模式下,学生需要自主参与各种实践活动,包括翻译、润色、修改等。他们需要自己决定如何翻译、用什么词语进行润色,完全由学生自己决定。这种教学模式能培养学生形成良好的创新意识。例如，在翻译实践过程中，学生可以根据自己的理解和感受对原文进行修改和创新，而不仅仅是遵循教师的指导。他们可以尝试使用不同的翻译方法去探索和发现翻译的多种可能性。这种实践性的教学模式能够激发学生的学习兴趣，提高他们的学习效果，也能够培养他们的创新能力和实践能力。

（三）增强学生实践能力

混合式教学模式强调学生在学习过程中开展更多的实践活动，与传统的教学模式有着显著的区别。传统的教学模式通常是由教师在课堂上进行知识的传授，学生则主要通过听讲和做练习来掌握知识。这种方式往往导致教学与实践的脱离，学生的实践能力难以得到有效提升。

混合式教学模式要求学生在学习过程中开展更多的实践活动。教师在教学过程中不再只是单纯地传授知识，而是通过引导学生进行实践活动来提高学生的实践能力。这种教学模式强调学生自主开展学习，教师则提供必要的指导和帮助。

比如，教师可以组织学生进行小组讨论，让学生在讨论中实践所学的知识；教师可以让学生通过实际操作来掌握知识，如进行实验、制作模型等；教师还可以让学生通过实际应用来检验所学知识的有效性。

在混合式教学模式下，教师的角色也发生了变化。教师不再是知识的唯一传授者，而是学生的指导者和引导者。教师需要根据学生的实际情况制订合适的教学计划，并引导学生进行实践活动。同时，教师还需要对学生的实践活动进行评估，给出反馈和建议，以帮助学生提高实践能力。

三、混合式教学模式在高校英语翻译教学中的应用策略

混合式教学模式不仅能够有效地解决传统教学过程中的一系列问题，还能够全面提升教学质量和教学效率。因此，教师在开展教学活动的过程中，

第四章 "互联网+"视域下高校英语翻译教学的创新模式

应当深入研究和掌握混合式教学的特点，以便更好地将其融入英语翻译教学中。

（一）布置课前学习任务，实现自主翻译

在混合式教学模式下，学习的方式正在发生深刻的变化。传统的教育方式往往以教师为中心，学生被动地接受知识。然而，随着技术的发展，特别是人工智能的崛起，我们有了更多的可能性来重新定义学习方式。其中，一个备受关注的方法就是布置课前学习任务，实现自主翻译。

自主翻译，顾名思义，就是学生利用自己的能力和资源，独立完成翻译任务。在这个过程中，学生需要理解原文的含义，然后将其转化为目标语言。这不仅需要学生掌握语言知识，还需要他们理解文化背景，把握语境。因此，自主翻译是一种非常有效的语言学习方式。

在布置课前学习任务时，教师可以选取一些具有代表性的文本，如新闻报道、学术论文、文学作品等，让学生进行翻译。这样学生在翻译过程中不仅能够巩固所学的语言知识，还能够扩大词汇量，提高语言运用能力。

为了实现自主翻译，教师需要提供一些必要的工具和资源。例如，教师可以推荐一些优质的翻译软件或在线工具，帮助学生解决翻译中的难题。同时，教师还可以提供一些参考资料，如词典、语法解析等，以便学生在翻译时查阅。

当然，自主翻译并不意味着教师可以完全放手不管。在布置课前学习任务后，教师需要对学生的翻译进行批改和评价。这样学生不仅能够了解自己的翻译水平，还能够从教师的反馈中找到改进的方向。

（二）创设课堂导学情境，提升教学质量

随着科技的进步和教学方法的不断创新，教师们越来越意识到一个富有启发性和吸引力的课堂环境对于激发学生的学习兴趣和动力至关重要。

在创设课堂导学情境时，教师们可以从以下几个方面入手。

首先，关注学生的学习特点和需求，确保教学内容与学生的生活实际紧

密相连。通过引入真实案例、生活场景或学生感兴趣的话题，将抽象的知识具体化，使学生能够更好地理解和应用所学知识。

其次，注重教学方法的多样性和灵活性。传统的教学方法往往以讲授为主，容易使学生感到枯燥无味。因此，教师们可以尝试采用小组讨论、角色扮演、互动问答等多种教学方法，激发学生的学习兴趣和积极性。同时，结合多媒体技术和网络资源，为学生提供丰富多样的学习资源和交互工具，使他们能够在多样化的学习环境中获得更好的学习效果。

再次，创设课堂导学情境还需要注重培养学生的思维能力和创新精神。教师可以通过设计富有挑战性的问题和任务，引导学生主动思考、探索和实践。同时，鼓励学生提出自己的观点和想法，培养他们的批判性思维和创新能力。

最后，建立积极的课堂氛围和评价机制也是提升教学质量的关键。教师应该注重与学生建立良好的师生关系，营造积极向上的课堂氛围。同时，采用多元化评价方式，全面、客观地评价学生的学习成果和表现，为他们进一步学习和成长提供有益的反馈和建议。

（三）创设多元实践练习，优化成果转化

由于混合式教学模式中教师开展教学活动具有一定的多元性，因此学生完成的作业形式也是十分多样的。

首先，教师可以引导学生录制小视频，将自己在翻译过程中的学习心得和翻译技巧通过直观的形式呈现给其他同学。这种方式不仅能够帮助学生更好地理解和掌握知识点，还可以激发他们的学习兴趣，实现成果的有效转化。通过分享自己的经验，学生可以相互学习、共同进步，从而提高整个班级的学习水平。

其次，教师可以引导学生参与趣味竞赛活动，通过设置不同层次的翻译竞赛，组织小组同学在规定的时间内完成既定的翻译任务。这种方式可以激发学生的竞争意识，促使他们更加努力地学习，提高翻译水平。同时，竞赛中的合作与互动也有助于培养学生的团队精神和沟通能力，为他们的全面发展奠定基础。

第四章 "互联网+"视域下高校英语翻译教学的创新模式

最后，教师还可以鼓励学生将自己学习过程中的收获整理成学术论文，并鼓励他们将论文发表在相关平台上。这种方式可以提升学生的学习效率，锻炼他们的学术研究能力，为今后的学术发展和职业生涯打下坚实基础。此外，学术论文的发表还能增强学生的自信心，激发他们的学习动力，进一步推动他们在翻译领域取得更好成绩。

（四）布置课后线上交流，增强创新能力

混合式教学模式可以通过线上平台实现教师与学生之间的实时互动。教师可以随时为学生解答疑问，提供学习指导，让学生在遇到难题时能够迅速获得帮助。同时，学生也可以在平台上向教师反馈学习情况，让教师了解学生的学习进度和需求，从而调整教学策略，提高教学效果。

混合式教学模式下的线上交流不仅有助于提高学生的学习效果，还有助于培养学生的创新能力、团队合作精神和交流能力。在这种教学模式下，教师要善于运用线上平台，设计各种有趣、富有挑战性的教学活动，引导学生积极参与，从而实现教学质量的提升和学生综合素质的培养。

第五章 "互联网+"视域下高校英语翻译教学中的文化渗透

在传统的高校英语翻译教学中,教师往往难以全面覆盖各类文化背景的知识,学生在学习过程中也难以接触到丰富的实际应用场景。此外,传统的教学模式过于注重理论教学,缺乏实践操作,使学生在面对实际翻译任务时难以将所学知识灵活运用。随着互联网技术的发展,大量的国际交流与合作日益增多,为高校英语翻译教学提供了广阔舞台。学生可以利用互联网资源深入了解各种文化背景,提高自身的跨文化交际能力。在"互联网+"时代,高校英语翻译教学不仅需要注重培养学生的翻译技能,更要强调他们跨文化交际能力的提升。

第一节　高校英语翻译教学中的文化障碍

随着全球化时代的到来，我国高校英语翻译教学正逐渐受到广泛关注。然而，在这个过程中文化障碍成为提高学生翻译能力的一个重要难题。本节旨在分析高校英语翻译教学中的文化障碍，并提出相应的解决策略。

一、文化障碍在高校英语翻译教学中的体现

文化障碍在高校英语翻译教学中的体现是多方面的，不仅影响学生对英语的理解，也影响他们准确、流畅地进行翻译。这些障碍可能源于语言本身的差异，也可能源于文化背景和思维方式的不同。

首先，语言本身的差异是造成文化障碍的主要原因之一。英语和汉语属于不同的语系，具有不同的语法结构和词汇含义。例如，在英语中，时态和语态的变化非常丰富，而汉语则相对简单。这种差异可能导致学生在翻译时忽略或误解原文的时态和语态，从而影响翻译的准确性。此外，英语和汉语的词汇含义也存在差异，一些在英语中常见的词汇在汉语中可能没有对应的准确翻译，或者同一个词在汉语中有不同的含义和用法，这也会给学生的翻译带来困难。

其次，文化背景的差异也是造成文化障碍的重要因素。英语和汉语所代表的文化背景截然不同，这种差异可能导致学生在翻译时无法理解或准确传达原文的文化内涵。例如，一些英语习语和俚语在汉语中没有对应的翻译，或者即使有翻译也无法完全传达原文的含义。同样，一些汉语中的成语和俗

语在英语中也很难找到准确的对应翻译。这种文化差异可能导致学生在翻译时出现误解或遗漏，从而影响翻译的准确性和流畅性。

最后，思维方式的不同也会对翻译造成影响。英语和汉语的思维方式存在很大的差异，导致学生在翻译时无法准确地理解和传达原文的思维方式和逻辑结构。例如，英语通常更注重逻辑和形式，而汉语则更注重意境和情感。这种差异可能导致学生在翻译时忽略或误解原文的逻辑结构和情感色彩，从而影响翻译的准确性和流畅性。

二、高校英语翻译教学中应对文化障碍的策略

（1）丰富课堂教学内容。教师在教学过程中应适当增加与翻译相关的文化背景知识，提高学生的文化素养。可以通过对比分析英汉两种语言的差异，帮助学生更好地理解和掌握翻译技巧。教师可以利用多媒体教学手段，如PPT、视频、音频等，生动地呈现翻译案例和翻译过程中的文化差异，使学生更加直观地了解翻译与文化之间的关系。此外，教师还可以组织学生参加翻译相关活动，如翻译比赛、翻译讲座等，以提高学生实践能力和文化素养。

（2）创设实践平台。学校和社会应为学生提供更多的翻译实践机会，让学生在实际翻译中不断积累经验，提高翻译能力。可以通过与外部企业、翻译机构建立合作关系，为学生提供实习机会。此外，学校还可以组织翻译相关的比赛、活动，如翻译论坛、翻译讲座等，以提高学生的实践能力和文化素养。

（3）培养跨文化交际能力。教师应注重培养学生的跨文化交际能力，让他们在学习翻译技巧的同时了解并尊重不同文化背景下的习俗和规范。可以通过开展跨文化交际的讲座、研讨会等活动，使学生了解不同文化之间的差异和冲突。此外，教师还可以通过组织学生参加文化交流活动，如访问外国文化、外国语言学习等，以提高学生的跨文化交际能力。

（4）引导学生自主学习。教师应鼓励学生利用课余时间自主学习英美文化知识，提高自身的文化素养。可以通过推荐一些有关翻译理论和文化研究

的书籍，帮助学生更好地认识翻译与文化之间的关系。此外，教师还可以通过网络平台、翻译论坛等渠道，为学生提供更多的学习资源和交流平台，以提高学生的自主学习能力。

（5）改进评价机制。评价学生翻译能力时，不仅要关注其翻译技巧，还要关注其在跨文化交际中的表现。通过合理的评价机制，引导学生关注文化差异，提高翻译质量。可以通过建立翻译能力评价体系，如翻译质量评价、翻译速度评价等，以提高学生的翻译能力和文化素养。

第二节 高校英语翻译教学中文化渗透的必要性

文化和语言之间的关系错综复杂，相互影响、相互交融。首先，语言是我们认识和了解其他国家、民族文化的关键途径之一。语言不仅是文化的载体，更是文化的组成部分，它反映了文化的独特性和多样性。此外，语言与文化之间的关系是相互影响的，语言的使用和变化受到文化背景的制约，同时，语言的使用也会影响到文化的传承和发展。

随着全球化的推进，我国教育事业也得到了空前的发展。教育发展使我国的文化更加多元化，这种多元化推动了我国经济建设的繁荣。在这一过程中，引进外国的思想文化，吸收其正确的价值观和文化自觉意识，已经成为我国培养英语翻译人才的重要内容。

在实际的高校英语翻译教学中，应当重视文化因素的作用。语言交际的核心是文化内涵，交际的过程需要以文化意识为基本思维。如果语言缺乏文化底蕴，那么就难以满足交际的需求。因此，高校英语翻译教学应以文化因素为核心内容，注重培养学生的文化素养。为了提高学生的综合素质，高校需要实施外语素质教育，其中就包括英语翻译教学。要全面了解高校英语翻译教学与文化教学之间的关系，从而不断提升学生的文化自觉能力、跨文化意识和文化知识。

近年来，我国外语教育界已经制定了培养学生跨文化交际意识的教学目标，而文化自觉则是实现这一目标的重要价值取向。在高校英语翻译教学中，需要引导学生深入了解和学习英语文化，掌握英语语言背后的文化内涵，从而提高他们的跨文化交际能力。同时，也要注重培养学生的文化自觉，使他们能够在跨文化交际中自信地表达与传播我国的文化，实现文化交流的平等和互利。高校英语翻译教学应当以文化和语言的相互关系为出发点，注重培养学生的文化素养和跨文化交际能力，以实现我国与世界各国的文化交流和互动，推动我国经济建设和社会发展。同时，要认识到语言和文化的发展是一个持续过程，需要人们不断学习和探索，以适应不断变化的国际环境。

第三节 "互联网+"视域下高校英语翻译教学中学生跨文化意识的培养

一、"互联网+"视域下高校英语翻译教学中学生跨文化意识培养的意义

培养学生的跨文化意识，提升他们在全球化背景下进行有效沟通的能力，是高校英语翻译教学的重要任务。

首先，高校英语翻译教学应注重培养学生的跨文化意识。这意味着教师在教学过程中应引导学生了解不同国家和地区的文化差异，使他们能够在实际翻译过程中更加准确地理解和表达。为此，教师可以通过组织课堂讨论、案例分析、模拟翻译等多种形式的活动，帮助学生深入理解不同文化背景下语言表达的特点和差异。此外，教师还可以利用互联网平台，如在线教学资源、翻译工具等，帮助学生更好地了解和掌握不同文化背景下的语言表达。

其次，高校英语翻译教学应注重培养学生的跨文化交际能力。在"互联网+"的背景下，学生需要具备更加丰富的知识和技能，以适应全球化带来的挑战。为此，教师可以通过案例分析、情景模拟、角色扮演等方式，帮助学生掌握跨文化交际的基本技巧，提高他们在国际交流与合作中的竞争力。此外，教师还可以引导学生关注全球化进程中的热点问题，如经济、政治、文化等，以提高他们的跨文化交际能力。

最后，高校英语翻译教学还应注重培养学生的跨文化思维方式。这要求学生在学习英语翻译的过程中不仅要关注语言表达的准确性，还要注重文化内涵的理解和表达。教师可以通过引导学生在翻译过程中思考文化差异对翻译的影响，帮助他们形成跨文化思维方式。教师还可以通过案例分析、翻译实践等方式，帮助学生理解文化差异在翻译过程中的具体表现，从而提高他们的跨文化思维能力。

二、"互联网+"视域下高校英语翻译教学中学生跨文化意识培养的策略

（一）引导学生通过各种方式了解西方文化

在翻译教学中，文化意识的渗透与传播具有至关重要的地位。教师需要通过各种有效手段，在语言学习的过程中将文化知识自然地融入其中，使学生在翻译时能够不自觉地考虑到文化因素，从而使翻译活动更加生动、活泼，而非刻板、生硬。

首先，教师可以将翻译教学与其他文化专业课程相结合，如文学、艺术、历史、哲学等，让学生在这些课程中掌握更多的文化知识。通过这种方式，学生在学习语言的同时能够深入了解不同文化背景下的思维方式、价值观和行为习惯，从而提高他们的翻译水平。

其次，推荐给学生更多的文化类书籍，如翻译经典、外国文学作品、文化史等，让他们在阅读中了解中西文化的差异和共通之处。通过阅读这些书

第五章 "互联网+"视域下高校英语翻译教学中的文化渗透

籍,学生可以更深入地理解翻译的内涵和外延,提高他们的翻译能力。此外,教师还可以适时放映英文电影,让学生通过观看电影,了解国外的语言习惯、宗教信仰、习语等。电影作为一种艺术形式能够直观地展示不同文化背景下的生活方式和思维方式,对于增强学生的文化意识具有非常重要的作用。再者,教师可以邀请外国教师来交流,外教在指导学生翻译的过程中往往会不自觉地透露出西方的文化翻译习惯,从而将这种思维和意识传达给学生。这种方式能够使学生更深入地理解翻译的本质和意义,提高他们的翻译水平。

最后,教师可以在英语翻译训练的时候进行文化礼仪的演示,如餐桌礼仪、着装规范、商务礼仪等。通过这种方式,学生可以更直观地了解西方的文化礼仪,使他们对西方的文化意识有更加深入的了解。

(二)引导和加强学生英语翻译实践能力的提高

文化因素在英语翻译中的影响是无处不在的。无论是词汇选择还是句式构建甚至是语篇结构,都受到了文化背景的影响。因此,提高学生的翻译实践能力,减少文化因素对英语翻译准确性的影响是非常重要的。

首先,翻译实践是提高学生翻译能力的关键。通过大量的翻译实践,学生可以更深入地理解英语的语法结构和词汇使用,同时也能更好地理解英语背后的文化背景。这就需要我们为学生提供更多的翻译机会,让他们在实践中提高自己的翻译能力。比如,可以设计一些翻译任务,让学生在完成任务的过程中提高自己的翻译能力。

其次,针对性的翻译练习是提高学生翻译能力的重要手段。通过针对性的翻译练习,学生可以更深入地理解英语的语法结构和词汇使用,同时也能更好地理解英语背后的文化背景。

再次,翻译技巧的教授也是提高学生翻译能力的重要手段。翻译技巧包括词汇选择、句式构建、语篇结构等,这些都是提高翻译质量的重要因素。因此,需要教授学生一些翻译技巧,让他们在翻译过程中能够更好地理解英语背后的文化背景,提高翻译质量。

最后,总结和反思是提高学生翻译能力的重要手段。通过总结和反思,学生可以发现自己的不足,进一步提高自己的翻译能力。教师需要引导学生定期进行总结和反思,找出自己的不足,并针对性地进行改进。

(三)提升学生的文化语用意识

在高校英语翻译实践中,语言环境、个人习惯及基础能力的影响是导致语用失误的主要原因。因此,教师在培养学生的文化语用能力时需要从提升学生的文化语用意识入手。文化语用意识的形成是学生主动学习相关知识和技能的前提,也是避免语用失误的关键。教师可以通过加强思想指导的方式,引导学生形成文化语用意识,使他们能够在学习过程中主动地掌握相关的知识和技能。

为了提高学生的文化语用能力,教师需要充分了解学生的学情,确保他们有一定的词汇知识和语法知识储备。教师在教学过程中需要重点进行中西方文化背景和正确语用表达方式的讲授,帮助学生夯实语言基础。这不仅可以提高学生的翻译能力,还可以使学生在日常交流中更加得体、准确地表达自己的观点。

在实际教学过程中,教师可以通过案例分析、角色扮演等方式,让学生在模拟翻译环境中提高文化语用能力。这种方式可以帮助学生更好地理解翻译实践中可能遇到的问题,提高他们的应对能力。同时,教师可以通过组织翻译比赛、分享翻译经验等活动,激发学生的学习兴趣,提高他们的学习积极性。

(四)合理创设交流环境

在当前的教育环境下,为了提高学生的文化语用能力,教师需要采取一系列的教学策略。

首先,教师需要重视文化课程资源的开发和利用,以此提升学生的文化语用意识。文化课程资源是学生学习英语的重要支撑,它可以帮助学生更好地理解英语语言背后的文化内涵。因此,教师需要充分利用这些资源,如组织学生参观博物馆、艺术展览等活动,让学生在实践中感受英语语言的文化魅力。

其次，教师需要创设和谐、活跃的交流环境，激发学生的学习兴趣和积极性。教师可以通过设置一些学生感兴趣的话题，如电影、音乐、体育等，鼓励学生进行英语交流。同时，教师需要关注学生的语言交流情况，及时纠正学生的错误，并给予鼓励和肯定。这样既可以提高学生的语言表达能力，也可以增强学生的学习信心。

再次，教师还可以尝试让学生在课堂上扮演教师的角色，进行知识讲解。这种方式不仅可以提高学生的语言组织能力，也可以增强学生的自信心。教师需要引导学生从个人的经验和学习情况出发，对学习内容进行深入理解和讲解，其他学生可以提出问题，进行讨论。这种方式既可以提高学生的语言表达能力，也可以促进学生的思维发展。

最后，教师还可以定期组织学生观看英文电影、开展英语演讲比赛等活动，改变传统的教学模式，使学生在各种活动中提高文化语用能力。这些活动既可以提高学生的语言表达能力，也可以增强学生的跨文化意识。

（五）推荐优秀英文作品

有效的课外阅读在高校英语翻译教学中的重要性不容忽视。课外阅读不仅可以提升学生的语言应用水平，增强文化语用能力，同时也能积累文化知识，深入理解文化差异。对于英语教师来说，推荐一些优秀的英文作品，如《老人与海》《傲慢与偏见》《瓦尔登湖》等，让学生通过阅读这些经典名著，增加对英语文化的理解，提高对中西文化的品鉴能力，是高校英语翻译教学中的重要任务之一。

以《傲慢与偏见》为例，这部小说描绘了英国乡镇的现实生活与世态人性，通过细致入微的描绘展现了人性的复杂与微妙。这部作品的语言简洁、规范、有文采，学生在阅读过程中不仅能够感受到语言的美感，也能理解语言背后的深层含义。

在高校英语翻译教学中，教师可以通过组织学生进行课程平台分享阅读感受的方式，让学生在文化品鉴过程中进行有效学习，强化学生文化语用意识及能力。这种方式不仅可以提高学生的阅读理解能力，也能提升学生的语言应用能力。

此外，教师还可以通过课堂讨论，引导学生深入理解作品中的文化差异，提升学生的跨文化交际能力。例如，教师可以引导学生分析《傲慢与偏见》中的人物形象，以及他们所代表的社会阶层和文化价值观，帮助学生理解作品中的文化差异，提升他们的跨文化交际能力。或者可以通过布置阅读作业，让学生在课余时间自主阅读《傲慢与偏见》，并在课堂上进行分享。这种方式既可以提高学生的阅读兴趣，也能提高他们的阅读理解能力。

（六）培养学生的自主学习能力

首先，教师需要让学生认识到课堂学习远远不能满足自身发展的需要。这意味着，学生需要具备很强的自我约束力和自学能力。一方面，学生需要主动寻找和利用课外的学习资源，如英语翻译教材、网络资源等，以弥补课堂教学的不足。另一方面，学生需要形成良好的学习习惯，如定期复习、做笔记、参加翻译实践等，以巩固和提高所学知识。

其次，教师可以为学生的自主学习提供优质的学习资料和推荐优质的学习平台。教师可以根据学生的需求和兴趣，选择合适的教材和参考书，提供丰富的翻译案例和练习题，以帮助学生更好地理解和掌握英语翻译技巧。此外，教师还可以推荐一些优秀的翻译学习平台，如在线翻译工具、翻译社区等，以拓宽学生的学习视野，提高学生的学习效率。

最后，教师需要帮助学生及时解决他们在学习过程中遇到的问题。教师可以通过定期组织学生进行翻译实践，如翻译比赛、翻译工作坊等，以检验学生的翻译能力，并及时给予反馈和指导。此外，教师还可以通过在线答疑、邮件等方式，解答学生的疑问，提供学习支持。

（七）加强学生课外阅读与翻译指导

为了有效拓展学生的知识面，提升他们的文化知识和语言知识，教师需要支持和鼓励学生经常性地开展课外阅读翻译和相关实践，不断积累文化知识。教师可以引导学生阅读一些经典的翻译作品，如《红楼梦》《西游记》

第五章 "互联网+"视域下高校英语翻译教学中的文化渗透

《水浒传》等，通过这些作品，学生可以更好地理解和欣赏中文文学的魅力。同时，教师也可以推荐一些翻译理论书籍，如《翻译学教程》《翻译技巧与实践》等，帮助学生更好地理解翻译的原理和方法。

在实践环节，教师可以组织一些翻译比赛或者翻译活动，让学生在实践中提高自己的翻译能力。例如，教师可以让学生翻译一篇英文文章，然后让学生互相审阅，找出翻译中的问题和不足，并进行修改和完善。学生在实践中不仅可以提高自己的翻译能力，还可以学习到其他同学的优点和不足。

教师还可以引导学生进行跨文化交际的实践。例如，教师可以组织一次跨文化交流活动，让学生与来自不同文化背景的同学进行交流，了解他们的文化习惯和生活方式。学生可以更好地理解文化差异，提高自己的跨文化交际能力。

在实际教学过程中，教师还需要注意以下几点。

教师需要注重培养学生的阅读兴趣。学生只有对阅读产生兴趣，才会主动去阅读、去翻译。因此，教师需要根据学生的兴趣特点，推荐合适的阅读材料，激发学生的阅读兴趣。

教师需要注重培养学生的翻译技巧。翻译是一项技巧性很强的工作，需要学生掌握一定的翻译技巧和方法。因此，教师需要教授学生一些基本的翻译技巧，如词义理解、句子重构、文化适应等。

教师需要注重培养学生的跨文化交际能力。在现代社会，跨文化交际能力越来越重要。因此，教师需要引导学生了解不同文化背景下的价值观、行为规范等，提高他们的跨文化交际能力。

总之，教师在指导学生进行课外阅读翻译时，需要注重培养学生的阅读兴趣、翻译技巧和跨文化交际能力。只有这样，学生才能更好地提高自己的文化知识和语言知识，为他们的未来发展打下坚实的基础。

第四节 "互联网+"视域下高校英语翻译教学中文化渗透的策略

在英语翻译教学中，文化因素的影响可谓无处不在。这种影响既体现在教学内容的设置上，也体现在教学方法的选择上。因此，教师在开展英语翻译教学时需要从多个方面进行改进和提升，以期达到更好的教学效果。

教师需要改善自身的思维习惯。在翻译教学中，文化差异是一个不可忽视的问题。教师要善于从文化的角度去分析和解读翻译问题，避免因为思维定式而导致翻译偏差。此外，教师还需要提升自己的文化素质。这不仅包括对我国文化的深入了解，也包括对英语国家文化的熟悉。这样教师在教学过程中才能更好地引导学生理解和掌握两种文化背景下的语言表达。

教师需要优化教学方案。教学方案是实现教学目标的重要手段，而在制定教学方案时，教师需要充分考虑文化因素。例如，教师可以选择一些具有文化内涵的翻译素材，让学生在翻译实践中感受和理解文化差异。同时，教师还可以通过举办各类文化活动，如英语角、文化讲座等，让学生在课外也能接触到丰富的文化资源，从而提升他们的文化素养。

教师需要引领学生在英语翻译的课堂内外掀起文化思潮。这意味着教师要引导学生主动关注和探讨文化问题，培养他们的文化敏感度。在这一过程中，教师可以组织课堂讨论、开展小组研究等形式，让学生在实践中学习和掌握文化知识。此外，教师还可以引导学生运用所学文化知识参与翻译实践，以提高他们的综合翻译水平。

在英语翻译教学中，教师要关注文化因素，通过改善自身思维习惯、提升文化素质、优化教学方案以及引领文化思潮，实现教学相长。这样一来，

第五章 "互联网+"视域下高校英语翻译教学中的文化渗透

学生不仅在语言技能上有所提升,还能更好地理解和尊重不同文化,为我国英语翻译人才的培养奠定坚实基础。

一、积极开发课程资源

传统英语课程设置在文化语用能力方面存在一定的不足,主要表现在文化课程的占比偏低,且缺乏优质、丰富的课程资源。这导致学生的文化知识储备不足,进而影响了他们文化语用能力的提高。因此,在推进英语专业课程改革的过程中,教师需要重点关注文化课程的比重问题。一方面,应适当增加文化课程的占比;另一方面,则要积极开发相关的课程资源。

(一)科学安排翻译课程

翻译课程设置与"互联网+"时代高校英语翻译教学创新具有密切关系。在"互联网+"时代背景下,高校英语翻译教学的课程时长、教学安排等环节需要根据师生的教学需求进行合理设置,以确保翻译教学创新的顺利进行。

首先,学校应提高对英语翻译教学的重视程度,科学安排翻译课程。按照"互联网+"时代育人需求,合理分配翻译课程教学课时。在安排教学课时前,学校可以与英语教师进行交流,了解以往课程安排中存在的问题,引导教师分享课程安排建议。根据教师反馈,设计相应的教学课时,应在大二或大三时期开设翻译必修课,确保翻译课程教学时长的合理性。

其次,学校可以根据学生英语翻译能力,将翻译英语课程分为1+3(一个学期英语课程加三个学期翻译选修课程)或2+2(两个学期英语课程加两个学期翻译课程)。这样教师在后期教学中会有充足的时间引入"互联网+"教学技术和网络资源内容,提高教学质量。

最后,学校可以在统筹规划课程设置期间,借助网络平台了解其他高校翻译课程规划设置方案。通过对比分析,找出本校现有英语翻译课程规划设置中的不足，并积极借鉴其他高校课程规划设置方案。这样可以不断提高翻译教学课程设置的合理性，为"互联网+"时代高校英语翻译教学创新提供有力支持。

（二）及时健全教学的内容

尽管大学英语翻译教材已经历多年筹备、编写、出版，但是部分内容仍然较为陈旧，不符合当前的发展现状。因此，教师在创新高校英语翻译教学时，需要丰富教学内容，结合学生学习需求引入网络资源、社会热点话题等，以开阔学生的视野，提升他们的英语翻译能力。

以"Winning is not everything"为例，教师在讲解这个话题时，可以在网络上搜集有关乒乓球、篮球以及花样滑冰等运动会的英文文章，将其汇总起来，通过手机投屏的方式展示到电子屏幕上，要求学生在阅读中进行翻译。这样，学生在接触大量课外素材的同时，也能深入了解其他国家对我国运动员的体育运动表现报道。

同时，教师可以根据学生英语翻译编辑素材整理清单，要求学生在课余时间运用现有渠道按照清单查找有关课外文章，让学生将搜索到的文章整理出来制作成PPT，要求学生自主挑选一篇短篇文章进行翻译。课堂上，教师可以要求学生在规定时间内展示PPT，让学生负责讲解自身的翻译思路。教师可以针对学生PPT的制作质量以及讲解效果进行打分，并将其记录到平时成绩中。

（三）使用互联网链接素材

首先，高校英语翻译教学应积极结合互联网+环境带来的优势，加强互联网链接素材运用。一方面，高校英语翻译教学需要与时代对接，提高翻译教学的时代感。这意味着教师需要关注社会热点，关注当下流行的语言表达方式，将这些元素融入高校英语翻译教学中，以提高学生的学习兴趣和实际应用能力。另一方面，高校英语翻译教学需要关注学生的发展需求，关注学生对英语翻译学习的兴趣和动力。这就要求教师在教学过程中

第五章 "互联网+"视域下高校英语翻译教学中的文化渗透

要注重激发学生的学习兴趣,注重培养学生的学习动机,提高学生的学习效果。

其次,高校英语翻译教学应重视学情诊断和分析工作,体现学生的主体地位。在"互联网+"环境下,高校英语翻译教学需要借助互联网做好学情诊断和分析工作,以便更好地了解学生的学习情况,有针对性地进行教学改革。教师在教学过程中要注重体现学生的主体地位,尊重学生的学习需求,关注学生的学习兴趣,帮助学生更好地参与英语翻译教学。

最后,高校英语翻译教学应注重教学内容的改革,提高教学内容的黏性。在"互联网+"环境下,高校英语翻译教学需要及时健全教学内容,以适应学生的学习需求。教师可以根据"互联网+"时代的特点,结合学生的学习习惯和喜好,对高校英语翻译教学内容进行改革,提高教学内容的黏性,提高学生的学习效果。

二、结合实际创新教学方法

在我国的高校英语翻译教学中,传统的教学方式往往存在一些问题。首先,部分教师过于依赖主观经验进行教学,他们倾向于向学生传授相关的语用知识和翻译方法,往往忽视了将理论与实践相结合。导致很多学生在理论上掌握了语用知识和翻译方法,但在实际应用中却频繁出现语用失误。其次,"填鸭式"教学方式对于激发学生的学习热情造成了负面影响,很难真正提高学生的文化语用能力。因此,高校英语翻译教学需要进行改革和创新,以提高教学的有效性。

(一)任务型教学法

任务型教学法是一种以任务为导向的教学方法,旨在提高学生的实际语言应用能力。这种方法强调学生的积极参与和主动学习,鼓励他们在完成任务的过程中提高自己的语言技能。在具体的教学实践中,教师可以根据课程内容和学生的语言水平，为学生设置不同的学习任务。这些任务可以是翻译、写作、口语表达、听力理解等多种形式，旨在帮助学生提高自己的语言技能。例如，教师可以给学生提供一篇英文文章，要求学生以小组为单位对该篇文章的内容进行正确翻译。在这一过程中，学生需要分工确定每个人需要翻译的段落，然后独立完成翻译工作。在翻译结束后，每个学生分别在组内进行成果展示，其他组员则提出问题并对其翻译内容进行完善，形成最终的学习成果。这种方法不仅可以帮助学生提高自己的语言表达能力，还可以培养他们的团队合作精神和解决问题的能力。除了小组翻译任务，教师还可以组织其他类型的任务，如角色扮演、讨论、演讲等，以帮助学生提高自己的语言技能。这些任务可以根据课程内容和学生的语言水平进行调整，以确保任务的难度和挑战性适中。

在实施任务型教学法的过程中，教师需要注意以下几个方面。

首先，教师需要明确任务的目标和内容，确保任务能够有效地帮助学生提高语言技能。

其次，教师需要提供足够的支持和指导，帮助学生理解和完成任务，包括提供相关的学习资源、解答学生的疑问、提供反馈和评价等。

最后，教师需要鼓励学生积极参与和主动学习，帮助他们建立自信和积极的学习态度。

（二）文化对比教学法

文化对比教学法是一种教育方法，旨在通过对比中西方、英美、传统文化与现代文化等多种文化差异，帮助学生深入理解文化的多样性，提升其跨文化交际能力。这种方法的核心在于让学生在对比中掌握更多的文化知识，理解文化的异同，从而更好地适应和应对不同文化背景下的交际活动。

文化对比教学法具有重要的实践意义。在全球化的背景下，中西方、英美、传统文化与现代文化之间的交流和互动越来越频繁，而跨文化交际能力的高低直接影响到人们的交流效果和社会适应能力。因此，文化对比教学法可以帮助人们更好地理解和应对这些交流和互动，提高跨文化交际的能力。此外，文化对比教学法也有助于提高学生的文化素养。通过对比不同文化之间的差异，学生可以更好地理解和尊重不同的文化，提高自己的文化素养。这种素养的提高不仅有助于提高学生的跨文化交际能力，也有助于提高他们的综合素质和竞争力。

在具体的教学实践中，教师需要根据学生的实际情况，有针对性地进行文化对比教学。比如，对于那些刚刚接触外国文化的学生，教师可以重点讲解外国文化的基本知识和特点，帮助他们建立起对外国文化的初步认识。对于那些已经对外国文化有一定了解的学生，教师可以重点讲解外国文化与本国文化的差异，帮助他们提高跨文化交际能力。

三、提高教师翻译素养

（一）教师自身要注重学习中西文化的差异

教师作为教育的引领者，在英语翻译教学领域必须首先深刻理解"文化"的重要性。要成为一名优秀的英语翻译教师，不仅需要精通专业的语法、词汇和语言理论，还要深入了解英语母语国家的文化底蕴，包括历史变革、文学艺术、宗教信仰等多个方面。只有将这些文化因素融入翻译教学中，才能使学生更好地理解和运用英语。

首先，教师要通过不断学习，丰富自己的文化底蕴，不仅包括学习英语专业的语法、词汇和语言理论，还要深入了解英语母语国家的文化背景。这样，教师在教学过程中才能游刃有余地引导学生理解和掌握英语。

其次，教师应注重与国内外同行之间的交流与合作。通过交流心得，探讨文化因素对翻译的影响，教师可以不断提高自己的教学水平。尤其是与国外同行的交流，可以通过"沙龙"或"中西友谊桥"等形式，增进彼此间的了解，取长补短。

最后，教师还应该认识到，间接得来的文化知识是有限的。为了更好地指导学生，教师需要亲自与同行进行交流，以获得更多宝贵的经验。条件允许的情况下，教师可以出国学习，亲身感受国外的风土人情、文化习俗，丰富自己的人生阅历，拓宽视野。

（二）教师要转变教学观念，提高文化素养

教师在教育过程中的角色正在发生积极的转变，他们不仅需要关注知识的传授，更要注重在翻译教学中文化渗透的重要性。翻译并非仅仅是文字的表达，它承载着丰富的文化内涵，如果忽视了文化知识，就可能导致理解的偏差。

在教学过程中，教师应关注到文化渗透的重要性，以培养学生的跨文化交际能力。这就需要教师在教学实践中不断探索和创新，找到适合自己和学生的教学方法，为提高英语翻译教学的质量做出努力。

第六章 "互联网+"视域下高校英语翻译教学中的教师素养

在"互联网+"时代，高校英语翻译教学面临着诸多挑战，也对教师素养提出了更高的要求。教师需要具备较强的互联网技术应用能力，以便将信息技术与翻译教学相结合，为学生提供更加丰富、多样的学习资源。教师应熟练掌握各种在线翻译工具、教学平台和软件，如Google翻译、百度翻译、在线词典等，同时还能利用网络资源进行教学设计，制订个性化的教学方案。教师应具备创新教学能力，善于运用任务驱动、合作学习等教学方法，激发学生的学习兴趣和积极性。教师还应根据学生的实际需求，设计富有挑战性和趣味性的教学活动，引导学生主动参与，提高教学效果。教师还应关注学生的学习进度和心理状况，及时调整教学策略，确保教学质量。教师应关注国内外翻译教学的最新动态和发展趋势，积极参加各类培训和学术交流活动，以适应时代发展的需求。

第一节　高校英语翻译教学中教师的专业发展

一、翻译专业教师的三维职业能力要求

随着我国社会经济的不断发展，教育事业也逐渐迈上新的台阶。在这个过程中，教师队伍的建设被提升到了国家战略高度。2018年1月，中共中央、国务院发布了《全面深化新时代教师队伍建设改革的意见》，明确提出教师队伍建设应遵循教育规律和教师成长发展规律，全面提升教师素质能力。然而，大多数高校教师并非师范类出身，对于"教师成长"及其发展规律的认识相对匮乏。一部分高校教师认为，只要具备丰富的专业知识，愿意并有能力传授给学生，就能胜任教师职业。然而，教师这一职业的特殊性在于除了掌握专业知识，还需具备教育理念和教学方法。因此，教师需要通过不断学习来更新专业能力，这也是教师发展的基本定义。

教师发展既是现代教育教学发展的内在需求，也是教师自身成长的重要途径和方法。对于高校翻译教师而言，他们的职业能力要求更加独特。翻译专业与生俱来的特殊性使翻译教师需要具备教学、科研、实践三方面的职业能力。翻译教学能力是翻译教师的"安身立命之本"，包括精准把握专业培养目标、培养规格以及所授课程的目标，选择适当的教学内容、方法及评价手段，尤其是充分运用现代化教学手段、以学生为中心精心组织教学。此外，翻译教学能力还包括课程决策能力，即确定课程目标、课程内容、教学方式、评价方式等能力。

翻译科研能力指翻译教学研究能力和翻译理论研究能力。前者包括掌握翻译教学的基本原理、过程及评估方法，并针对具体教学问题展开研究；后

者是指熟悉翻译研究的理论流派和研究方法，并在理论层面开展研究。翻译实践能力体现在能否胜任专业译员的工作，即按照行业标准完成翻译市场的真实任务。翻译教师通过实践，旨在熟悉该岗位的工作特征，掌握翻译流程中不同环节的操作要求，了解翻译市场和客户服务的现状。

然而，我国目前的翻译师资队伍状况并不乐观。多数翻译教师非翻译专业背景，缺乏系统的翻译理论知识，翻译实践经验不足，教学效果难以保证。另外，仅有实践经验的教师，也不一定能够胜任翻译专业教学。因此，翻译专业教师并非天生具备三种职业能力，关注自身发展显得尤为重要。在新时代背景下，如何培养一支具备高素质、专业化的翻译教师队伍，成为我国教育事业发展的重要课题。为了解决这一问题，可以从以下几个方面入手。

首先，加强师范类院校的翻译专业建设，培养具备教育教学理论和实践能力的翻译师资。其次，开展针对非师范类翻译教师的培训项目，帮助他们补充教育教学知识和技能。再次，鼓励翻译教师参与国内外学术交流活动，提升自身的教育教学水平和科研能力。最后，建立健全翻译教师评价体系，确保教师队伍的质量和稳定性。通过这些措施，推动我国翻译教师队伍建设迈向新的高度，为培养更多优秀的翻译人才奠定坚实基础。

二、翻译专业教师发展的现状及问题

我国当前的教师发展模式主要是由地方政府发起，具有指令性。这种模式由某大学负责承办，提供了多种形式的发展途径，包括课程、系列讲座、工作坊和研讨会等。这种模式依托于"刚性推进的政策体系和外部形塑的培训体系"，其本质是"外在于教师的、自上而下的"发展模式。这一模式在汪明帅（2011）的研究中得到了详细的阐述。

从形式上看，翻译专业教师发展的主流途径是由中国翻译协会、全国翻译专业学位研究生教育指导委员会及各高校主导的、自上而下的讲座和研修班。每年暑期，由中国翻译协会、全国翻译专业学位研究生教指委、教育部高等学校翻译专业教学协作组共同主办的"全国高等院校翻译专业师资培训"规模和影响最大，参加培训院校达到600多所。据统计，中国译协已组织22期师资培训，培训人数近6000人次。

培训内容方面，翻译专业师资培训主要聚焦翻译教育的基本理念和口笔译技能。在20周年纪念片中，现任澳门中西创新学院校长仲伟合（2019）指出："20年来，培训专家把最前沿的翻译学理论、最先进的教育理论和翻译技能传授给了老师。受训教师表示，培训效果明显，提升了对翻译专业的认识，加深了对翻译专业教学的了解，增强了教学的信心和动力，促进了个人成长。"此外，翻译专业师资培训还涉及其他方面的内容，如翻译心理学、翻译美学、翻译批评、翻译文化、翻译史等。这些内容有助于教师从多维度理解和掌握翻译专业的知识体系，提高教学水平。

除了上述的培训活动外，我国还鼓励翻译专业教师通过自学、参加学术研讨会、研究翻译案例等方式提高自身能力。这些途径为教师提供了丰富的学习资源和交流平台，有助于拓宽视野、提高专业素养。此外，也有学者提出了一种"情境教学"的理念，认为教师的专业发展应该与教学情境相结合，教师需要在实际的教学情境中进行实践和反思，提高自己的教学能力。这种理念强调教师的实践能力和反思能力，认为只有通过实际的教学实践教师才能真正提高自己的教学能力。

教师发展具有自主性特点，这是一个自觉主动改造、建构自我的过程。教师成长源自内部，外部培训无法完全取代教师的自主性。只有从被动服从转变为主动追求和尝试，专业发展的效果才会凸显出来。教师发展的现状在很大程度上反映了其存在的问题，主要表现在以下四个方面。

首先，政策性的外部需求大于个性化的内部需求。在当前的社会环境中，翻译专业教师的发展往往受到政策性因素的影响，而非个性化的内部需求。政策性的培训需求往往来自社会需求和行业规范，教师自身的内部需求可能并不强烈。这种情况下，教师可能会受到外部需求的驱动而忽视自身发展的需求。

其次，教师发展的形式单一，以师资培训为主。当前的翻译专业教师发展主要依赖于师资培训，这种形式单一的培训方式可能无法满足教师多样化的需求。师资培训往往过于注重基本理念和口笔译技能，忽视了教师个人专业发展的个性化需求。

再次，培训内容由组织者设计，以基本理念和口笔译技能为主，存在"见物不见人"的现象。翻译专业教师的发展往往受到组织者的设计和规划，在这种情况下，教师可能会忽视自身专业发展的个性化需求。过于强调基本理念和口笔译技能可能导致教师在实际应用中忽视了人性化和人文关怀。

最后，翻译专业教师发展的培训效果缺乏评估数据支撑及系统性研究。当前的翻译专业教师发展往往缺乏系统的评估数据支撑，使教师在专业发展过程中难以了解自己的进展和存在的问题。缺乏系统性研究可能导致教师发展的路径不够清晰，难以有效解决问题。

造成以上问题的深层次原因就是缺少系统性的翻译专业教师发展路径。正是由于缺少系统性的个人发展路径，翻译教师才不得不被动接受或高度依赖于外部培训。一旦主动建构起个人专业发展路径，教师便可以充分发挥自身的主动性，有效破解翻译专业教师发展面临的问题。

教师的专业发展是一个复杂的过程，需要考虑许多因素，包括教师自身的特点和需求、教学情境、培训方式等。因此，需要对教师的专业发展进行深入的研究，以期找到更有效的培训方式，提高教师的教学能力，促进教师的专业发展。

首先，应重视教师内部需求，提高教师发展的内在驱动力。教师发展的内部需求是教师专业发展的根本动力，教育部门和企业应重视教师内部需求，提供多样化的培训和发展机会，以激发教师的专业发展动力。

其次，应丰富教师发展形式，提高培训的针对性和实用性。教师发展形式应多样化，以满足教师多样化的需求。培训内容也应注重实用性和针对性，以提高教师的专业能力。

再次，应尊重教师发展的个性化需求，提高培训的自主性和灵活性。教师发展的个性化需求应得到充分尊重，教师应拥有自主选择培训内容和方式的权力。培训也应具有灵活性，以满足教师在专业发展过程中的个性化需求。

最后，应加强翻译专业教师发展路径的系统性研究，增强培训效果的评估和反思能力。翻译专业教师发展路径的系统性研究应得到加强，以增强培训效果的评估和反思能力。此外，还应建立系统的教师发展路径反馈机制，以促进教师发展的持续改进。

第二节 "互联网+"视域下高校英语翻译教师的角色定位

一、翻译教师的角色认知

在翻译教育领域，翻译教师的角色与职责尚未受到更多的学术关注。与其他学科教师的角色相比，翻译教师的角色有其独特性，也存在一定的共性。因此，在理解和把握翻译教师角色时需要充分考虑这些共性与特殊性，并遵循翻译教学本身的规律。

翻译教师不仅需要具备扎实的翻译技能，同时还需要具备教育、研究和实践等多方面的能力。在教育方面，翻译教师有义务执行大量的教学任务，包括翻译学位课程的培训和教育。在研究方面，翻译教师的研究成果在我国高等教育部门的晋升和激励计划中占有着重要的比重，他们希望能在高影响力的期刊上发表文章，获得高排名的研究经费，并获得政府的奖励。

翻译教师的角色是知识的传授者，无论在何种学习模式下，他们都需要不断地加强对英语教育理论的学习。只有这样，他们才能对国际和国内的英语教育理论有所了解，及时地了解英语教育的发展趋势，并将新的英语教育理论应用到英语教育中去。

为了满足英语教学中多重角色的要求，翻译教师需要加强自身的专业素养以及跨文化交流的技能。他们不仅需要关注教学方法，还需要关注学习方法。他们需要指导学生独立思考，及时发现并解决学生在学习中所面临的问题，让学生在听、说、读、写、译等方面都能积极地参与进来，通过写作和翻译等多种形式的学习达到教学目的。

二、翻译教师与其他语言专业教师角色差异

翻译教学作为一种特殊的语言教学形式,其本质是将一种语言的表达内容转换为另一种语言。在这一过程中,翻译教师的角色至关重要。他们不仅需要具备语言教师的基本素养,还需要掌握专业的翻译技能和知识。

翻译教师与其他语言教师的区别在于他们的教学能力、目标和个人背景。翻译教师不仅需要具备良好的语言能力,还需要掌握教学技巧和学科知识。除此之外,他们还需要积累第一手的翻译专业经验和市场趋势知识,以便在实际教学中更好地指导学生。

翻译教师的教学目标有所不同。语言教师的最终目标是培养学生具备一定的语言技能,翻译教师的目标是培养具备专业翻译能力的专业人士。因此,在翻译教师的培训中,翻译实践、翻译研究的学术领域以及教学技巧都成为不可或缺的部分。

翻译教师的身份认同也面临着一定的挑战。在教育环境中,他们需要在平衡不同含义、规范和期望的角色中找到自己的定位。与此同时,他们还需要在不断变化的市场环境中保持敏锐的洞察力,以便为学生提供最有价值的教学内容。翻译教师的身份认同问题需要在实践中不断摸索和协商,他们需要在教学过程中不断反思自己的角色和定位,以找到最适合自己的教学方法和策略。此外,他们还需要与同行进行充分的交流和合作,以便在教学实践中相互学习和共同进步。

第三节 "互联网+"视域下高校英语翻译教师的素质要求

翻译教师这一职业角色具有丰富而多元的属性,他们既是翻译实践的

积极参与者，也是教学活动的组织者和领导者。此外，他们还担任翻译研究的重要参与者、技术创新的推动者、信息处理的工程师以及终身学习的践行者。在翻译教师角色的背后，隐藏着一种复杂而动态的能力结构。

基于对翻译教师能力研究的深入理解，并结合技术革新对翻译教学带来的新挑战，我们构建了一个全面的翻译教师能力结构模型。这个模型将翻译教师的能力分为六个核心要素：翻译实践能力、翻译教学能力、研究能力、技术能力、信息能力以及学习能力。这六种能力相互交织，共同构成了一个动态的、复杂的能力系统。进一步来说，这个能力系统可以从四个主要维度进行解析，包括信念、思维、知识和技能（图6-1）。这四个维度共同构成了翻译教师能力的整体框架，展现了翻译教师在实践、教学、研究、技术、信息和学习等方面的全面能力。

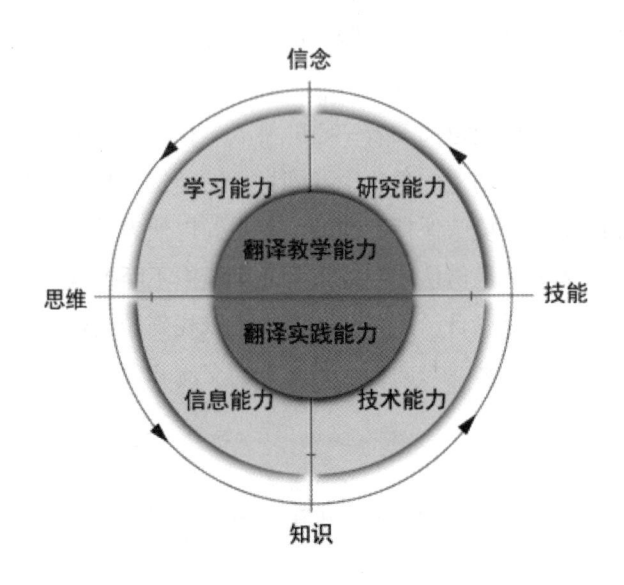

图6-1 翻译教师能力结构模型

翻译教师能力的核心在于这六种能力要素在四个维度上的相互作用和动态协同。在这个模型中，翻译教师能力不仅是一种静态的技能组合，更是一种动态的、发展的、整体的能力状态。只有通过不断的学习和实践，翻译教师才能在这个动态的能力系统中不断提升自己，实现职业发展的最

第六章 "互联网+"视域下高校英语翻译教学中的教师素养

大化。

在现代教育领域,教师的能力结构模型一直是教育研究和实践的重要课题。翻译教师的能力结构模型包括核心能力层和通用能力层两大方面。

核心能力层是翻译教师区别于其他学科领域教师的关键能力特征,主要包括翻译实践能力和翻译教学能力。翻译实践能力是指教师在实际翻译工作中所需的技能和知识,如语言理解、文化解读、翻译策略选择等。翻译教学能力则涵盖了教学设计、教学方法、教学评估等方面,以确保学生在实践中能够掌握翻译技能并不断提高。

通用能力层是指翻译教师在教育教学过程中需要具备的一般能力,包括研究能力、技术能力、信息能力和学习能力。研究能力是教师在教学过程中发现问题、解决问题、总结经验的能力;技术能力则是教师运用现代技术手段辅助教学的能力,如使用翻译软件、网络资源等;信息能力要求教师能够快速获取、筛选、整合翻译相关的信息,以丰富教学内容;学习能力则强调教师在不断更新知识、提高自身素质方面的能力。

(1)翻译实践能力在翻译教师的核心能力中占据重要地位,它是保证翻译教师能力系统正常运作的基本条件和先决因素。根据《翻译专业教学指南》的要求,翻译教师需要具备扎实的口笔译实践能力。这样的能力并非与生俱来的,而是需要在长期的翻译实践中积累经验和不断提升。

首先,翻译教师应具备丰富的翻译实践经验。实践经验是提高翻译教学质量的重要保障,只有教师自身具备丰富的实践经验,才能更好地指导学生,使他们顺利成长为优秀的译者。实践经验不仅包括各种类型的翻译任务,还包括在实际工作中遇到的各种困难和挑战。

其次,翻译教师应具有较强的翻译实践能力。翻译实践能力不仅包括语言转换能力,还包括对翻译过程中涉及的各个环节的掌控能力,如文化适应、语境分析、信息梳理等。只有具备较强的实践能力,教师才能在教学中游刃有余,引导学生解决实际翻译过程中可能遇到的问题。

再次,翻译教师应紧跟翻译行业的新变化,特别是新技术的影响。在科技日新月异的今天,翻译行业也在不断变革。教师需要关注这些变化,及时更新自己的知识体系,以确保教学内容的前沿性和实用性。在此基础上,教师还需形成关于翻译活动的正确信念,具备翻译决策和创新思维,以高效解决翻译实践问题。

最后，翻译教师应能提供高质量的翻译服务。教师不仅要在教学中注重培养学生的翻译能力，还要关注自己的专业发展，不断提高自己的服务水平。这不仅有助于提升教师在行业内的地位和声誉，也能为学生提供更多实践机会，促进教学相长。

（2）翻译教学能力作为核心能力之一，在翻译教师能力系统中具有举足轻重的地位。其他五项能力要素，如教学设计与实施能力、课堂组织与管理能力、语言功底、跨文化交际能力以及研究能力，都为翻译教学能力保驾护航。在《翻译专业教学指南》中可以看到对翻译教师的要求，他们需要具备扎实的教学能力，以便更好地完成教学任务。

首先，翻译教师应充分认识到技术变革对翻译教学带来的挑战，紧跟时代发展的步伐。同时，教师需要树立符合翻译学习规律的教学信念，以此为指导，探索并掌握翻译教学的知识和方法。在此基础上，翻译教师应培养自己的教学设计思维，明确教学目标，并根据实际需求调整教学内容。

其次，翻译教师应熟练掌握信息化教学工具和资源的使用，这将有助于提高教学效果。通过运用先进的教学手段，教师可以更好地实施翻译教学，激发学生的学习兴趣和积极性。同时，教师还需要关注学生的学习过程和成果，实施有效评价，以便及时发现并解决问题。

最后，翻译教师应具备良好的课堂组织和管理能力，营造轻松愉快的学习氛围，调动学生的积极性。在教学过程中，教师还需注重培养学生的跨文化交际能力，使他们能够在不同文化背景下进行有效沟通。

（3）研究能力是翻译教师在面对翻译实践和教学问题时，能够进行深度探索和研究的实力。《翻译专业教学指南》明确提出，翻译教师应具备明确的研究方向和强大的研究能力。在此基础上，翻译教师需要深入理解翻译实践、教学和科研三者之间的密切互动关系。

首先，翻译实践和教学是研究问题产生的源泉。在日复一日的翻译实践和教学活动中，翻译教师会遇到各种挑战和问题。这些问题为翻译教师提供了丰富的研究素材，激发他们去深入探究、寻找解决方案。

其次，翻译研究能够深化翻译教师对翻译实践和教学的理解和认识。通过对翻译实践和教学中的问题进行研究，翻译教师可以更加全面、深入地把

第六章 "互联网+"视域下高校英语翻译教学中的教师素养

握翻译的本质,提高翻译教学的质量和效果。为了有效地开展翻译教学活动,翻译教师必须掌握翻译研究的理论、范式和方法,包括对翻译研究的基本概念、研究设计与实施、数据分析等方面的熟悉。在此基础上,翻译教师应具备批判性和创新性的研究思维,这有助于他们从多角度、多层次去审视和解决问题。此外,问题意识在翻译教师的研究能力中占据重要地位。在面对翻译实践和教学问题时,教师应敏锐地捕捉问题信号,挖掘问题的本质,找到解决问题的途径。

最后,翻译教师应运用所掌握的理论知识和研究技能,对翻译实践和教学问题进行深入剖析,寻求切实可行的解决方案。《翻译专业教学指南》所提出的翻译教师研究能力要求旨在促使教师在翻译实践和教学过程中不断发掘问题、深化认识、创新思维,提高翻译教学的品质。只有具备扎实的研究能力的翻译教师,才能在不断变革的教育环境中为学生提供高质量的翻译教育,并培养出更多优秀的翻译人才。

(4)技术能力作为翻译教师能力系统中的重要组成部分,发挥着至关重要的作用。它为翻译教师的其他能力提供了强大的技术支持,使教学活动能够更加高效、便捷地进行。《翻译专业教学指南》对此有着明确的要求,强调翻译教师需要对翻译技术的发展和应用具备一定的了解,同时具备运用现代教育技术和教学手段的能力。

在翻译教学过程中,教师需要密切关注技术变革对翻译实践和教学产生的影响。这要求他们树立正确的技术认知和信念,形成以问题为导向的技术思维。在这个过程中,翻译教师需要掌握常用技术工具的操作方法,以便为翻译实践和教学过程中遇到的问题寻求技术解决方案。通过运用先进的技术手段,教师可以提升翻译实践和教学的效率,为学生提供更高质量的教育资源。值得注意的是,不同类型的翻译课程对翻译教师的技术能力要求各有差异。例如,翻译技术和本地化翻译课程的技术能力要求相对较高,而科技翻译、法律翻译等专业领域的翻译课程技术能力要求则相对较低。然而,无论是哪种课程,技术都能为翻译教师赋能,提升翻译教学的整体效果。

为了更好地满足翻译教学的需求,翻译教师需要不断提高自己的技术能力,紧跟时代发展的步伐。只有这样,他们才能在教学过程中充分发挥技术的优势，为学生提供更好的学习体验。同时，教育部门也应加大对翻译教师技术能力的培训和支持力度，创造有利于翻译教师发展的环境。通过全面提升翻译教师的技术能力，可以培养更多具备高素质的翻译人才，为国家和社会发展作出贡献。

（5）信息能力在翻译教师的能力体系中占据了重要的地位，它不仅体现了教师心理和行动倾向，更是其进行知识建构和创新的关键保障。在互联网时代，翻译教学的重要性和需求日益凸显，因为它能够满足人们跨语言的信息需求，被视作一种生产经营活动。其核心目标是通过信息的跨语言转化实现知识的顺畅转移与传播。

进入大数据时代，翻译教师的信息能力得到了前所未有的提升。丰富的信息资源为教师的翻译教学和学生的学习提供了强有力的支持。不仅如此，翻译教师应当对信息能力有清晰的认识，发展自己的信息意识和思维。在教学和翻译实践中，教师需要针对信息需求进行系统化的信息搜寻、获取、使用、评价、管理和创新。

首先，信息搜寻是信息能力的基础，教师需要通过各种渠道寻找与翻译教学相关的资源。其次，信息获取是关键，教师要善于从众多信息中筛选出有价值的内容。信息使用是核心，教师应将获取的信息融入教学实践中，提高教学效果。信息评价是保障，教师要对所使用的信息进行全面的评估，以确保其质量和准确性。在此基础上，信息管理成为常态，教师要定期对教学中的信息进行整理和归档。最后，信息创新是目标，教师要通过不断尝试和探索创新教学方法和策略。

（6）学习能力是翻译教师的核心能力之一，它体现了翻译教师在不断变化的教育环境中主动获取新知识、探求问题和解决方案的能力。这种能力是推动翻译教师专业发展的动力源泉。《翻译专业教学指南》强调了翻译教师应不断更新教育理念，优化知识结构，并树立终身发展的观念。这一观点与我国教育部门提出的教师专业发展理念相契合。

根据北京外国语大学教授王华树等人（2018）的研究，当前翻译教师在技术实践能力方面存在一定的不足。随着翻译技术的发展和更新，翻译教师需要通过持续学习来更新自身的知识体系，建立和完善翻译技术知识与技能体系。这不仅有助于提高翻译教学质量，也有利于培养学生的翻译能力。

翻译教师的能力结构模型涵盖了信念、思维、知识和技能四个维度。其中，信念维度反映了教师对翻译实践、教学和研究的认知和价值观念，对翻译教学实践、学生翻译能力培养以及教师自身的情感和心理产生影响；思维维度体现了核心素养观的人本性，要求教师在教学过程中关注学生个体差异，注重培养学生的创新能力和批判性思维；知识和技能维度是翻译教师的基本素质，要求教师不断更新和拓展专业知识，提高翻译技能水平。

在技术驱动的翻译教育背景下，翻译教师需要改变传统的教学观念，创新教学方法，发挥自身专业知识优势，解决翻译教学中的实际问题。这不仅有助于提升教师自身的专业能力，也有利于培养适应时代发展的翻译人才。为了实现这一目标，优秀的翻译教师应关注时代发展，适时调整个人信念，转变思维模式，更新知识和技能结构。只有这样，翻译教师才能在不断变化的教育环境中实现自身能力的动态调整和升级，为我国翻译教育的发展贡献力量。

第四节 "互联网+"视域下高校英语翻译教师素养提升的路径

一、英语翻译教师网络自主研修

翻译教师网络自主研修在人员参与和研修方式上均具有显著优势。随着互联网技术的发展，翻译教师网络自主研修将在未来教育发展中发挥越来越重要的作用。为了充分发挥这一优势，教育部门和相关机构应加大对翻译教师网络自主研修的支持力度，不断完善网络研修平台，提供更多优质资源，为广大翻译教师创造更加良好的网络研修环境。同时，翻译教师本身也要树立终身学习理念，积极拥抱网络研修，提升自身专业素质，为提高我国翻译教育质量作出贡献。在这个过程中，政府、学校、企业和社会各界都要共同努力，推动教育信息化建设，为翻译教师网络自主研修提供有力保障。只有这样，才能抓住新时代教育发展的历史机遇，推动我国翻译教育事业的繁荣和发展。

网络研修资源更新速度快，克服了传统翻译教师研修学习资源陈旧、更新速度缓慢的问题。这使翻译教师能够及时接触到最新的教育理念、教学方法和学科知识，有利于提高自身的教育教学质量。

从研修信息的传播角度来看，网络的交互性特点使翻译教师的角色发生了转变。在社会化媒体时代，翻译教师不再仅仅是研修内容的接收者和使用者，而是根据个人需求和判断对研修资源进行选择，并通过点赞、评论、转发等行为成为信息的二次传播者。这样一来，翻译教师既是信息的接收者，也是信息的传播者，使研修信息更加广泛地传播。此外，借助微信朋友圈等强关系网络，研修信息的大众传播与熟人网络、小众传播得以同时进行。这样教研人员更容易找到具有共同研究兴趣和关注点的同行学者，降低了学术社交的发现成本，显著增强了学术交流的互动性。

二、网络空间中英语翻译教师专业自主发展

在"互联网+"的背景下，翻译教师的专业自主发展活动呈现出一种自下而上、自发形成的趋势。这种发展趋势源于实践活动的前瞻性和领先性，实践活动在理论探索之前就已经展开。通过观察形式多样的网络自主发展活动，可以发现互联网为翻译教师的发展带来了前所未有的机遇。

首先，互联网突破了时间和空间的限制，使翻译教师能够便捷地获取全国乃至世界范围内的专业智慧和力量。在这一过程中，翻译教师间的交流互动不再受地域、语言和文化的束缚，实现了全球范围内的资源共享和交流。

其次，互联网为翻译教师提供了开放共享的优质资源。这些资源在传统条件下难以获得，但借助互联网的力量，翻译教师可以轻松获取并整合这些

资源，为教学活动和科研工作提供强有力的支持。

最后，互联网将互动交流的对象扩展至整个翻译学界的专家同仁。通过图6-2所示的平台和工具，翻译教师可以与他们分享经验、探讨问题、共同进步，从而不断提高自身专业素养和教育教学水平。

翻译教师应积极拥抱互联网，主动参与网络自主发展活动，不断提升自身专业素养，以适应新时代的教育教学需求。同时，教育部门和相关机构也应关注这一发展趋势，为翻译教师的网络自主发展提供更多支持和保障，共创翻译教育的新篇章。

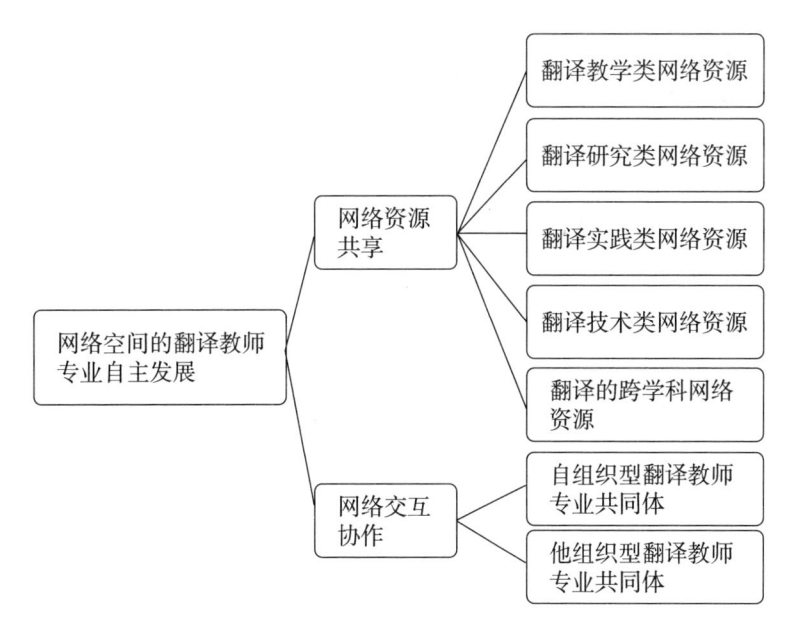

图6-2 网络空间的翻译教师专业自主发展

（一）网络共享与资源获取

在互联网的深入发展中，一种以利他主义、非物质主义为内核的互联网文化价值观以及共享经济等新型经济形式得到了广泛的认可。表现在越来越多的网民愿意通过互联网分享优质的资源，以实现知识的传播和共享。对于翻译教师这一职业来说，互联网不仅仅是一个获取信息的工具，更是一个巨大的知识库。如果能够充分利用这个资源，它可以与传统的信息来源相互补充，更好地满足翻译教师的需求。

在翻译教师的自主发展过程中，他们需要获取翻译教学资源、翻译研究资源、翻译实践资源、翻译技术资源以及跨学科的知识资源。这些资源都可以通过网络空间获取，为翻译教师提供了丰富的学习和发展机会。

在教学资源方面，大量的优质教学视频免费开放。例如，外教社、外研社历年举行的全国高校外语教学大赛翻译专业组赛况实录，以及中国大学MOOC平台上的《教育设计原理与方法》《智慧课堂教学》等教学类慕课资源。这些资源如同一座宝库，为新入职的年轻翻译教师或兼任翻译工作的职业译员提供了宝贵的教学经验和学习材料。

借助这些资源，新入职的翻译教师或兼任翻译工作的职业译员可以弥补他们在教学方面的不足，提高教学技能。同时，他们还可以通过互联网参与到国际学术交流中，拓宽视野，提升自己的专业素养。

在线学术活动不仅继承了线下学术活动的优势，还具有诸多线下活动所不具备的特点。首先，在线学术活动具有更高的时效性，可以迅速传播学术前沿信息。其次，在线学术活动传播范围更广，方便更多学者参与，从而扩大了受益人群。再次，在线学术活动还能节省实体场所租赁、交通费用等开支，降低学术活动的成本。最后，在线学术活动可以实现跨地域、跨时间的交流，使学术讨论不再受地域和时间的限制，进一步促进学术交流与合作。

随着移动互联网的发展和信息技术的进步，翻译研究资源的获取变得越来越便捷。微信公众号、在线讲座和远程会议等新兴平台为翻译学者提供了丰富的学术资源和交流机会。线上学术活动将成为学术交流的新常态，为翻译研究领域的发展注入新的活力。

（二）翻译教师在线共同体与交互协作

翻译教师自主研修的过程虽然以个体为主导，强调自我建构，但并非孤立封闭的。相反，它要求翻译教师积极地与外界互动交流，通过小组或团队的形式开展合作研修，实现协同发展。这种交互协作可以使翻译教师之间的

第六章 "互联网+"视域下高校英语翻译教学中的教师素养

知识视野得到拓展，培养他们多角度思考问题的能力，从而有利于在个人发展过程中遇到的问题得到协商解决。

在传统的教育环境下，翻译教师之间的专业交流往往局限于同一教学单位，交流方式单一，教学研讨多表现为自上而下的任务分配，互动协作的积极性和有效性不尽如人意。然而，互联网的出现打破了这种孤立的状态，将拥有相同兴趣和共同愿景的教师汇聚在一起，为他们提供了更为广阔的交流空间。借助这一平台，翻译教师可以获得跨省份、跨学校的专家引领和同伴互助。

所谓"教师专业共同体"，是一个以教师自愿为基础，以"分享（资源、技术、经验、价值观）、合作"为核心，以共同愿景为纽带联结起来的互相交流和共同学习的组织。在这个共同体中，成员们拥有共同的愿景，这种愿景基于个体的专业兴趣，是在个体愿景基础上发展而来的。因此，每位成员都愿意主动与他人互动交流、分享合作。

在这个专业共同体的背景下，教师的交流与合作得以深化，不仅拓宽了知识视野，提升了教育教学水平，还激发了他们不断自我提升的动力。这种自主研修与互动交流相结合的方式，有助于提高教育教学质量，促进教育公平，为我国教育事业的发展贡献力量。

网络虚拟共同体作为一种新兴的社交形式，在我国的教育领域尤其是翻译教师领域发挥着越来越重要的作用。这种共同体不同于实体世界的部门群体，其成员的身份归属更多是基于文化性的认同。共同体活动通常涵盖了资讯、阅读、讨论、反思和实践等多个方面，通过成员间的定期或不定期互动，增强彼此的归属感，营造共同的学习氛围，从而形成凝聚力。

翻译教师专业共同体可以分为自组织和他组织两种类型。自组织型共同体多由教师自发建立，具有自由平等的特点，虽然没有明显的团队约束力，但教师可以自主调控、自我负责。在共同体的学习中，既可以是有目的的自主探究和协同，也可以是无目的的偶发性行为。

在自主探究过程中，如果教师需要文献传递或遇到难题寻求帮助，只需发布到在线共同体中，通常会得到热心同行的答复。对于翻译教师来说，笔头练习是基本功，"青年翻译学者论坛"中的学者会自发地一起翻译同一个句子，欣赏不同的译文，形成有目的的协同。

他组织型教师专业共同体则多由外部力量发起，有明确的研修目的，较为正规的组织管理，是传统线下研修的线上拓展形式。得益于行业协会、出版社的支持，这类共同体由专家、学习者、管理者等不同类别的成员组成，分工明确。翻译教师在此环境下，能够短时间内高效地获得行业专家的引领。

　　在活动组织方面，一些共同体不断创新组织形式，倡导共同体内提交反思日志、互动讨论、互助答疑、经验交流，并设立了一系列奖励措施。活动的参与是非强制的，研修效果取决于翻译教师的参与时间和投入程度。

　　总之，网络虚拟共同体在我国翻译教师领域具有广泛的应用前景，无论是自组织还是他组织类型的共同体，都需要在实践中不断探索、完善，以充分发挥其优势，促进翻译教师的专业发展。同时，也应关注到共同体存在的问题，寻求有效的解决办法，使其更好地服务于我国的翻译教育事业。

第七章 "互联网+"视域下高校英语翻译教学中的多元化评价

多元化评价是指在教学过程中对学生各方面的能力进行全面、多角度、多层次的评价，从而更加全面地了解学生的学习状况，激发学生的学习兴趣，提高学生的学习成效。在高校英语翻译教学中，多元化评价主要包括对学生的语言表达能力、跨文化交际能力、翻译技巧和翻译速度等方面的评价。在"互联网+"视域下，高校英语翻译教学应充分发挥互联网技术的作用，实现多元化评价。通过多元化评价，教师可以全面地了解学生的学习状况，有效提高学生的翻译实践能力，培养出更多适应社会需求的复合型人才。同时，多元化评价也有助于激发学生的学习兴趣和动力，促进学生全面发展。

第一节　高校英语翻译教学评价理论阐释

在当前的高校英语翻译教学中，普遍存在着一种以逐字逐句翻译为主导的教学模式。在这种模式下，学生被要求机械地将一种语言转化为另一种语言，而忽视了翻译的本质——在保持原文意义的基础上用另一种语言进行再创造。由于不同文化之间的差异，学生往往难以在翻译中达到"信、达、雅"的标准，使翻译结果往往生硬、不自然，失去了原文的韵味和意境。

此外，在评价学生的翻译能力时，教师过于关注英汉双语之间的转换能力，并将其作为评价学生翻译水平的主要标准。这种评价模式忽略了学生之间的相互评价和互动，使评价过程缺乏多元性和客观性。为了克服这些问题，构建一个多元化的评价体系显得尤为重要。

一、高校英语翻译多元化评价体系概述

在高等教育领域，英语翻译教学一直占据着重要的地位。随着全球化的加速推进，英语翻译在各个领域的应用越来越广泛，因此高校英语翻译教学质量的高低直接影响着我国在国际交流与合作中的地位。为了提高英语翻译教学质量，高校英语翻译评价体系应运而生。

高校英语翻译评价体系是对翻译教学效果进行评估和判断的系统，目的是提高翻译教学质量和培养具有较高翻译水平的翻译人才。在传统的翻译教育评价体系中，教学评价模式主要采用终结性评价，即一次性的评价方式。然而，这种评价方式存在着许多问题，如评价结果难以客观、公正地反映学

生的翻译水平，评价过程缺乏科学性和合理性等。

为了克服这些问题，高校英语翻译评价体系采用了多元化评价模式。评价方式的多元化体现在评价内容的丰富性和评价方法的科学性。评价内容丰富性是指评价体系不仅关注学生的翻译理论知识掌握情况，还关注学生的翻译技巧、翻译能力、跨文化意识和语言综合运用能力等方面。评价方法科学性是指评价体系采用科学的评价方法，如定量评价、定性评价、实践评价等，以确保评价结果的科学性和公正性。

评价体系的多元化主要体现在能力、素质和专业知识以及表达的熟练程度等方面。能力评价是指评价学生的翻译能力，如翻译速度、准确性、连贯性等。素质评价是指评价学生的翻译素质，如翻译态度、翻译责任心、翻译创新意识等。专业知识评价是指评价学生在翻译过程中对相关知识的掌握程度。表达熟练程度评价是指评价学生在翻译过程中语言表达的熟练程度。

评价主体的多元化要求除了教师的评价之外，还应当拓宽评价主体，包括学生的自我评价和学生之间的评价。学生的自我评价是指学生对自己的翻译水平和能力进行评价。学生之间的评价是指学生之间相互评价，以提高评价的客观性和公正性。

二、构建多元化评价体系的基础

多元化评价体系的理论基础是多元智能理论，这一理论最早由美国著名教育家霍华德·加德纳（Howard Gardener）教授提出。多元智能理论为教学多元化评价提供了全新的视角。它强调评价者在评价过程中应给予学生客观、真实、全面的评价，以促使学生将优势智能和劣势智能相结合。这意味着在教学过程中，教师需要扮演引导者而非"主宰者"的角色。

构建多元化评价理论体系，首先需要奠定坚实的基础。在这个过程中，教师要关注学生的个体差异，尊重他们的兴趣和特长，激发他们的学习潜能。此外，教师还需注重培养学生的团队协作能力和创新精神，以便他们在未来的学习和工作中更好地应对挑战。

在评价学生的过程中，教师要避免评价过程的单一性，充分考虑学生的多元化表现。包括关注学生的学术成绩、品德修养、社会实践能力、艺术素养等多个方面。通过全面、多角度的评价，教师可以更好地了解学生的优势和不足，为学生提供有针对性的指导意见。

在实施多元化评价体系的过程中，教师应鼓励学生积极参与，发挥自身优势，调整学习观念和方法。这样学生才能在学习过程中不断进步，实现全面发展。同时，教师还需关注学生的心理健康，关心他们的生活，以营造一个温馨、和谐的教育环境。

三、高校英语翻译教学评价现状

在我国传统的高校英语教学评价体系中，大多数高校依然沿用传统的评价模式和体系。这种模式主要通过期末考试来检验学生在英语翻译方面的掌握程度，并以统一的分数标准来衡量学生的英语学习成绩。然而，这种量化的考核方式存在一定的缺陷。

首先，这种评价方式忽视了学生在学习翻译过程中所付出的辛勤努力。在追求高分的压力下，学生往往忽略了学习过程中的情感体验，导致他们对英语学习的热情和自主学习能力受到打击。

其次，这种评价方式过于关注学生的整体成绩，忽视了他们在日常学习生活片段中的英语实践应用能力，使许多学生在实际应用英语时难以一次性将所学知识发挥得淋漓尽致。

此外，现有的评价体系过于注重整体结果，忽略了对学生学习过程的评价，使学生在学习过程中很难获得及时的反馈和指导，影响了他们的学习效果。同时，这种评价方式也无法全面反映学生在各个方面的综合英语能力，如口语、听力、阅读和写作等。具体而言，对学生在翻译学习过程中的评价还出现了以下问题。

第七章 "互联网+"视域下高校英语翻译教学中的多元化评价

（一）没有发挥评价的功能性

现行的教学过程中，教师往往过于关注学生的最终翻译成果，忽视了他们在平时追求完美翻译中所付出的辛勤努力。这种观念导致教师在评价学生时过于侧重翻译成果的量化分析，忽视了情感态度和过程体验的评价。

这种评价方式有以下几个不利之处。首先，它使教师无法全面了解学生的翻译热情和自我学习能力，难以挖掘和激发学生的学习潜能。其次，它阻碍了教师发挥教学评价的激励功能，无法帮助学生建立自信与进一步提高他们的学习积极性。最后，这种评价方式忽视了学生的自我发展能力，使他们难以形成长期坚持学习的习惯。

（二）评价内容过于单一

一直以来，传统的高校英语翻译评价体系侧重于考核学生的双语转化能力和英语翻译技巧。这种评价体系在一定程度上反映了学生在英语翻译方面的专业素养，然而，它忽视了对学生的思维能力以及语言素养、实践能力和创新能力的评价。

首先，传统的高校英语翻译评价体系过于强调学生的双语转化能力。双语转化能力是指学生在将一种语言转换为另一种语言时能够保持信息的准确性和可读性。然而，这种能力并非英语翻译的全部。英语翻译不仅仅是语言的转换，更是思维的转换。因此，仅仅关注学生的双语转化能力，忽视学生的思维能力，可能导致学生在翻译过程中出现理解偏差和表达失准的问题。

其次，传统的高校英语翻译评价体系忽视了对学生的语言素养、实践能力和创新能力的评价。语言素养是指学生在使用语言时所表现出的语言知识和语言技能，还包括更高层面的语言艺术。实践能力是指学生在实际应用语言时所表现出的能力。创新能力是指学生在翻译过程中能够提出新的观点和解决方案的能力。这些能力在英语翻译中起着重要的作用，然而传统的高校英语翻译评价体系忽视了对这些能力的评价。

最后，传统的高校英语翻译评价体系并没有对学生的学习态度和学习积极性进行评价。学习态度是指学生在学习英语翻译时所表现出的积极性和主动性。学习积极性是指学生对英语翻译学习的态度和兴趣。这些因素在学生的英语翻译学习过程中起着重要的作用，然而传统的高校英语翻译评价体系忽视了对这些因素的评价。

（三）评价方式过于单一

在实际情况中，大多数教师在对学生进行评价时仍然倾向于运用传统的方式，过分追求量化指标，对学生的评价标准过于单一，这种单一的评价方式导致教师忽略教学的根本内容，使教学过程难以达成培养学生综合翻译能力的目的。

首先，传统的评价方式往往只关注学生的语法和词汇使用，忽视了他们的实际翻译能力。然而，翻译能力并不仅仅是语法和词汇的应用，更包括对文化差异的理解和处理，以及对语言的灵活运用。

其次，传统的评价方式往往让学生感到枯燥和无趣，而评价方式的多元化可以让学生在评价过程中体验到学习的乐趣。例如，可以采用小组讨论、模拟翻译比赛等方式进行评价，这样不仅能够激发学生的学习兴趣，还可以提高他们的团队合作能力。

最后，每名学生的翻译风格都是独特的，传统的评价方式往往无法充分反映这一点。评价方式的多元化可以通过评价学生的翻译作品，让学生自己对自己的翻译风格进行反思和调整，从而提高他们的翻译水平。

四、高校英语翻译多元化评价体系的构建策略

（一）丰富评价主体

在我国传统的高校英语翻译评价体系中，评价的主体主要局限于教师，这一模式使教师在评价过程中占据绝对权威的地位。然而，这种方式忽略了学生的主体性和发展性，没有充分认识到翻译教学的本质，即教师教授和学

第七章 "互联网+"视域下高校英语翻译教学中的多元化评价

生学习的过程。

翻译教学与其他教学形式有所不同，它需要考虑翻译作品的具体语境，理解语言背后的文化内涵，这就要求在评价学生时需要有多个主体参与，包括教师、学生以及翻译作品的实际使用者等。这样的评价方式可以更好地促进学生在英语翻译学习过程中的主动性和积极性，使他们在实际应用中更好地运用所学的翻译技巧。此外，丰富的评价主体还能在评价过程中融入感情色彩，以此促使学生在翻译学习过程中充分发挥主观能动性。比如，教师可以对学生的翻译作品进行评价，同时也可以邀请翻译作品的实际使用者进行评价，这样可以使评价更具说服力，也能让学生清楚地了解自己的翻译水平和不足。

随着社会的发展，教育评价的方式也在不断变化。高校英语翻译教学评价必须顺应时代发展趋势，融入多主体进行评价。比如，可以引入学生评价和自我评价的方式，使评价更加公正，也能让学生更好地了解自己的学习情况。

在评价过程中，评价方与被评价方需要建立起友好和谐的关系，使评价的过程更加科学合理。评价方需要注重学生的翻译学习过程性评价，关注学生翻译能力的发展，而不仅仅是评价学生翻译作品的结果。

（二）评价内容多元化

在构建高校英语翻译多元化体系的过程中，评价主体必须保持严谨性和公正性，避免随意性。这就需要在建立多元化评价体系的过程中以培养合格的译员为核心。译员是翻译多元化体系的基础，只有他们具备了扎实的英语语言能力和翻译技巧，才能在多元化的翻译环境中游刃有余，更好地满足社会的需求。

在评价学生的翻译学习时，需要建立一个科学、合理且全面的教学评价体系。这个评价体系需要考虑到学生的英语交际能力、英语文化意识以及道德意识。只有这三个方面都得到了充分的重视和培养，才能确保评价内容的科学性和合理性。

首先，学生的英语交际能力是衡量他们翻译水平的重要指标。在翻译过程中能否准确地理解和表达，以及能否在实际应用中灵活运用英语都是评价学生英语交际能力的重要内容。

其次，学生的英语文化意识也是评价他们翻译水平的重要因素。在翻译过程中，能否理解和尊重目标语言的文化背景和习惯是评价学生英语文化意识的重要内容。

最后，学生的道德意识也是评价他们翻译水平的重要因素。在翻译过程中，能否遵循职业道德规范、尊重知识产权，是评价学生道德意识的重要内容。

在评价学生的翻译学习时，还需要保证教学评价的客观性和全面性。这意味着我们需要采用科学、合理、公正的评价方法和标准，避免主观性和片面性。同时，还需要对评价结果进行全面的分析和解读，以便更好地指导学生的翻译学习。

通过以上措施，可以提高学生的翻译学习效果，培养出更多的优秀翻译人才。同时，在评价学生的翻译学习时更加淡定和自信，因为有了一套科学、合理、公正的评价体系，可以确保评价结果的准确性和可靠性。

（三）注重评价过程

在英语翻译的学习过程中，教师需要对学生进行纵向性评价，以提高综合评价的效果。纵向性评价是指对学生在英语翻译学习过程中的不同阶段进行评价，以了解学生的学习情况，找出学生的优势和不足，为教师后续的教学提供依据。

评价过程的客观性和公正性也是英语翻译学习过程中的重要因素。为了保证评价的客观性和公正性，翻译教师需要采用科学的方法和标准进行评价，避免主观因素的影响。同时，翻译教师也需要不断更新评价方式，以适应英语翻译学习的新特点和新要求。

在英语翻译的学习过程中，翻译教师还需要关注学生的学习动机和学习兴趣。学习动机和学习兴趣是影响学生学习效果的重要因素，翻译教师需要通过多种方式激发学生的学习动机和学习兴趣，以提高学生的学习效果。

为了提高学生的英语翻译学习效果，翻译教师还需要采用多种教学方法

第七章 "互联网+"视域下高校英语翻译教学中的多元化评价

和策略。例如，翻译教师可以采用任务型教学法、合作学习法、情境教学法等教学方法，以提高学生的学习参与度和学习效果。同时，翻译教师还可以利用现代教育技术，如网络资源、多媒体资源等来丰富教学内容，提高教学效果。

（四）进行分层次评价

在翻译领域，个体差异性是一个不可忽视的现象。在翻译教学中，学生的个体发展差异体现在多个方面，如思维特征、学习能力、基础知识掌握和翻译水平等。这些差异性使翻译教师在构建多元化评价体系时需要进行分层次评价，并针对不同学生的具体情况制定具体的评价策略。

首先，学生的思维方式、思维习惯和思维深度等都会对翻译学习产生影响。翻译教师需要了解学生的思维特点，以便在教学过程中采取更加符合学生需求的教学方法。例如，对于思维活跃、喜欢创新的学生，翻译教师可以尝试采用启发式教学，激发学生的思维潜能；对于思维保守、习惯接受传统教学方式的学生，翻译教师可以采用渐进式教学，逐步引导学生接受新的翻译理念。

其次，学生的学习能力包括信息获取能力、理解能力、记忆能力和应用能力等。翻译教师需要针对学生的学习能力特点进行教学设计，以提高教学效果。例如，对于学习能力较强的学生，翻译教师可以设置一些具有挑战性的翻译任务，激发学生的学习兴趣；对于学习能力较弱的学生，翻译教师可以设置一些基础性的翻译任务，帮助学生建立自信心。

再次，学生在翻译学习过程中需要掌握一定的翻译基础知识，如翻译理论、翻译技巧等。翻译教师需要了解学生的基础知识掌握情况，以便进行有针对性的教学。例如，对于基础知识掌握较好的学生，翻译教师可以设置一些进阶性的翻译任务，提高学生的翻译水平；对于基础知识掌握较弱的学生，翻译教师可以设置一些基础性的翻译任务，帮助学生巩固翻译基础知识。

最后，学生的翻译水平包括翻译质量、翻译速度、翻译风格等。翻译教师需要了解学生的翻译水平，以便进行有针对性的教学。例如，对于翻译水平较高的学生，翻译教师可以设置一些具有挑战性的翻译任务，提高学生的翻译水平；对于翻译水平较低的学生，翻译教师可以设置一些基础性的翻译任务，帮助学生提高翻译水平。

（五）综合发展评价

翻译教师在构建高校英语翻译教学评价体系时，需要充分考虑评价手段的多样性和评价形式的多元化。

首先，评价手段的多样性意味着需要采用多种评价方法，以全面、多角度地评估学生的英语翻译能力。这些评价方法包括但不限于：

书面翻译：这是最直接、最常见的一种评价方式，翻译教师可以根据学生的翻译作品进行评分。书面翻译可以检验学生的翻译技巧、语言运用能力，以及对原文的理解程度。

口头翻译：这是一种更贴近实际应用的评价方式，翻译教师可以通过模拟翻译场景，让学生进行口头翻译。口头翻译可以检验学生的实际翻译能力、语言表达能力，以及对于翻译任务的理解程度。

实践翻译：这是一种以实际翻译任务为背景的评价方式，翻译教师可以给学生分配实际的翻译任务，让学生在实践中进行翻译。实践翻译可以检验学生的翻译技巧、实际操作能力，以及对于翻译任务的应对能力。

评价标准：需要制定一套明确的评价标准，包括翻译质量、语言运用、翻译技巧等方面，以便于翻译教师进行评分。

其次，评价形式的多元化意味着需要采用多种评价方式，以适应学生的不同学习需求和教学目标。这些评价方式包括但不限于：

教师评价：教师可以根据学生的翻译作品、口头翻译表现、实践翻译任务等进行评价。

同伴评价：学生之间可以相互评价，以了解彼此在翻译方面的表现，从而促进自我反思和进步。

自我评价：学生可以对自己的翻译作品、口头翻译表现、实践翻译任务等进行自我评价，以了解自己的优缺点，从而进行有针对性的改进。

综合评价：将上述各种评价方式进行综合，得出一个全面的、客观的评价结果。

总的来说，高校英语翻译教学评价体系的构建需要充分考虑评价手段的多样性和评价形式的多元化，以适应学生的不同学习需求和教学目标。只有这样才能更好地促进学生在英语翻译学习过程中的综合表现，提高学生的翻译能力，为他们的未来职业生涯打下坚实的基础。

第二节 "互联网+"视域下高校英语翻译教学评价的意义

教学评价作为教育过程中的重要环节，目的主要可以归纳为两点：一是致力于推动学生的学习进程，也就是人们常说的"以评促学"；二是通过评价手段提升教师的教学质量，实现"以评促教"。在教育领域，尤其是课堂教学的内容和形式不断变革的今天，对学生学习能力的检验和评价也在不断地调整与优化。然而，无论时代如何发展，教学评价的核心目标始终如一，那就是进一步推动教学相长，引导学生树立科学的学习认知观念。

随着信息技术和互联网的普及与应用，教学评价的方式和方法也在发生深刻变革。传统的教师"一言堂"、一次性终结评价的方式逐渐被淘汰，取而代之的是能够记录学生成长过程、针对不同学习模块的实时反馈评价。在这种评价方式下，学生成为主导者，他们的学习积极性、主动性和创造性得到了极大的提升。

在线学习和测评除了能够了解学生的学习成果外，还可以全面反映学生的学习态度、学习时长、学习兴趣等多方面的情况。这些信息为教师提供了宝贵的教学依据，使教师能够更加精准地对学生进行指导和帮扶。这种评价方式还能够帮助教师及时发现学生在学习过程中遇到的问题，为学生提供有针对性的解决方案，从而提高教学效果。

在"互联网+"视域下，高校英语翻译教学评价的意义愈发凸显。随着互联网技术的不断发展和普及，传统的教学评价方式已无法满足新时代人才培养的需求。因此，改革英语翻译教学评价体系，使之更加多元化、即时性和个性化，已成为提高英语翻译教学效果的必然趋势。

一、互联网为英语翻译教学评价提供了资源和手段

在当今数字化时代，网络平台已经成为教育的重要工具。通过网络平台，教师可以轻松获取来自世界各地的实时资讯和素材，使教学内容更加贴近实际，有助于学生更好地了解翻译行业的最新动态。此外，网络平台还使教师能够实时跟踪和分析学生的学习进度，为学生提供个性化的学习建议和评价反馈，从而提高教学质量。

（1）网络平台为教师提供了丰富的教学资源。借助网络平台，翻译教师可以轻松获取来自世界各地的实时资讯和素材，使教学内容更加丰富和实际。这些实时资讯可以帮助翻译教师更新教学内容，让学生了解翻译行业的最新动态，从而提高自己的学习兴趣和实践能力。

（2）网络平台有助于实现个性化教学。借助信息技术手段，翻译教师可以实时跟踪和分析学生的学习进度，了解学生的需求和薄弱环节。在此基础上，翻译教师可以根据学生的实际情况，为学生提供个性化的学习建议和评价反馈。这种个性化教学方式有助于提高学生的学习效果，培养学生的综合素质。

（3）网络平台还可以加强师生间的互动与沟通。在网络平台上，翻译教师可以发布课程通知、布置作业、答疑解惑，与学生进行实时互动。这有助于提高学生的学习积极性，同时也为翻译教师提供了了解学生学习情况的第一手资料，为教学提供有力支持。

（4）网络平台有助于拓宽学生的国际视野。通过网络平台，翻译教师可以引导学生关注国际翻译领域的最新动态，学习世界各地的文化和语言，拓宽学生的知识面，提高学生的国际竞争力。

二、互联网促进了英语翻译教学评价的多元化

在"互联网+"背景下,教育教学评价方式得以不断创新和丰富,从而更好地满足人才培养的需要。在此背景下,多元化的评价方式应运而生,如在线翻译比赛、项目实践、团队协作等。这些评价方式旨在激发学生的学习兴趣,提升学生的实际操作能力,并能有效检验学生的翻译技能。

在线翻译比赛能够充分调动学生的积极性,让他们在实际操作中提高翻译水平。通过与其他参赛者的竞争,学生可以发现自己的不足之处,并在实践中不断改进。此外,在线翻译比赛还能帮助学生了解行业动态,紧跟时代发展。

项目实践和团队协作是检验学生综合能力的重要手段。在实际项目中,学生需要将所学的理论知识与实际操作相结合,锻炼自己的实践能力和解决问题的能力。团队协作能培养学生的沟通、协调和领导能力,这些都是现代社会所迫切需要的素质。

三、互联网提高了英语翻译教学评价的时效性

在互联网环境下,评价体系的改革具有重要意义。实时的评价可以让学生在第一时间了解自己的学习成果。在学习过程中,及时的反馈可以帮助学生发现自己的不足,从而调整学习策略,提高学习效果。互联网环境下的评价具有更高的效率和便捷性。教师可以随时随地对学生进行评价,节省了时间和精力,使教师有更多的时间关注每一个学生的成长。此外,互联网环境下的评价方式也更加多样化,不仅可以采用传统的考试方式,还可以通过在线作业、讨论区、实践项目等多种形式对学生进行全面评价。

四、互联网有助于实现英语翻译教学评价的个性化

在教育领域，大数据分析正逐渐改变着传统的教育模式，为翻译教师提供了更多深入了解学生的途径。通过收集和分析学生的学习数据，翻译教师可以精准地掌握每个学生的学习需求、特点和优势，从而为学生量身定制个性化的评价方案。这种方式不仅有助于发现学生的潜在优势，还能提高他们的翻译水平，使他们在学习中取得更好的成绩。

首先，大数据分析使翻译教师能够了解学生的学习需求。每个学生都有自己的学习特点和需求，而大数据分析可以帮助翻译教师挖掘这些信息。翻译教师可以根据分析结果，为学生提供更具针对性的教学内容和方法，使学生在学习中更加高效。

其次，大数据分析有助于翻译教师了解学生的优势和劣势。通过对学生学习成果的深入分析，翻译教师可以发现学生在不同学科之间的差异，以及他们在某一学科中的薄弱环节。基于这些信息，翻译教师可以针对性地进行辅导，帮助学生巩固薄弱环节，提高他们的综合素质。

再次，大数据分析还可以助力翻译教师制定个性化的评价方案。传统的评价方式往往无法全面反映学生的真实能力，而大数据分析可以为翻译教师提供更多维度的学生信息。翻译教师可以根据这些信息，制定符合学生特点的评价方案，更好地评估学生的学习成果。

最后，大数据分析有助于挖掘学生的潜力。翻译教师可以根据学生的兴趣、特长和发展需求，为学生提供更具挑战性和激励性的学习任务。这种方式有助于激发学生的内在动力，促使他们更加努力地学习，从而提高翻译水平。

第三节 "互联网+"视域下高校英语翻译教学评价的原则

评价目的和功能是构建评价体系的核心，它们对整个评价活动起着决定性的制约作用。在人类活动中，评价具有判断、预测、选择和导向四种基本功能。判断功能是指评价能够对学生的学习成果和能力进行客观公正的判断，以便了解学生的学习状况。预测功能体现在评价可以预测学生未来的学习潜力和发展趋势，为教学决策提供依据。选择功能是指评价可以帮助教师和学生明确学习目标，选择合适的学习方法和策略。导向功能是评价能够引导学生朝着正确的方向发展，提高学习效果。

基于互联网技术的翻译教学评价体系除了以上四种基本功能外，还具有独特的特点。在基于互联网技术的翻译教学模式下，由于学校和教师难以直接控制学生的日常学习行为，评价体系因此多了一种间接督促学生学习的重要功能。由于教学模式的翻转，教师和学生之间的互动方式发生了变化，学生的学习行为也从传统的被动接受转变为主动参与。因此，评价体系在这一背景下需要具备更多的灵活性和创新性。下面以翻转课堂模式下的高校英语翻译教学评价的原则为例，探讨"互联网+"视域下高校英语翻译教学评价的原则。

一、评价主体多元化

在传统的翻译课堂上，教师作为唯一的评价主体，学生只能被动地接受评价结果。这种模式限制了学生的主动性和创造性，使教学过程变得单调和僵化。然而，在翻转课堂这种教育模式下，学生成为自主学习和个性化学习的主体，教师的角色发生了重大变化，从唯一的评价者转变为引导者和助手。

翻转课堂强调学生的自主学习和个性化学习，学生自评和同伴互评能够充分提高学生的积极性。

首先，学生自评有助于调动学生的主观能动性，让他们根据自己的需求和能力定制个体化的学习方案。通过自评，学生可以客观地了解自己的学习进度和掌握程度，调整学习策略，达到自主学习和高效学习的目的。

其次，同伴互评是在学生自评的基础上进行的。在这种评价方式中，评价者和被评价者面对面地沟通交流、碰撞融合，相互借鉴和学习。同伴互评有助于培养学生之间的团队合作精神和相互理解，使他们共同提高翻译技能。通过互评，学生可以从同伴的优点和不足中吸取经验，发现自己的潜在问题，并进行针对性的改进。

在学生自评和互评的基础上，教师评价更多发挥指导性作用，是对学生评价的总结和升华。教师的角色从传授知识者转变为引导学生进行有效反思的导师。教师评价可以为学生提供更为全面和深入的反馈，帮助他们认识自己的优势和不足，为今后的学习指明方向。

在这种评价体系下，学生成为翻译教学的评价主体，兼具评价者和被评价者的双重身份。这有助于营造出竞争与合作并存的良好学习氛围，激发学生的学习兴趣和动力。同时，学生在评价过程中进行有效反思，有助于培养他们的批判性思维和创新能力。

二、评价内容多维化

在当今社会，传统教学模式在翻译领域的应用愈发显得局限。主要问题在于，过于侧重基本知识和技能的传授，对于学生的实践能力和职业素质的培养不够重视。这种模式培养出的毕业生往往在毕业后难以迅速适应市场的需求，导致他们在就业市场上陷入困境。

随着信息化时代的到来，翻译市场的需求也在发生着深刻的变化。如今，翻译市场需要的是具备多元技能的人才。他们不仅需要精通语言和文化，还需要掌握技术和管理，同时适应翻译职业的新特点和服务新模式。这就要求我们的教育模式也要随之进行改革，以培养出符合市场需求的翻译人才。

首先，对教学内容进行拓展和深化，以涵盖语言、文化、技术和管理等多个方面。这样，学生在学校期间就能全面掌握翻译工作的各项技能，为将来的职业生涯打下坚实的基础。

其次，重视学生的实践能力培养。通过模拟实际工作场景，让学生在实践中学习和锻炼，提高他们的实际工作能力。同时，这也有助于他们更好地理解和掌握翻译工作的职业素质。

最后，将评价体系进行多元化改革。将工具操作、团队协作、任务处理等多重能力纳入评价体系，有助于全面提高学生的素质。

三、评价方式多样化

在传统的翻译教学中，教师通常采用形成性评价方式，重点关注学生最终的翻译文本。这种方式虽然在一定程度上能够衡量学生的翻译能力，但在翻转课堂这种教育模式下，它并不能全面、真实地反映学生的付出和成果。因此，有必要探索一种形成性和过程性相结合的评价方法，实现翻译评价方式的多样化，以便更科学地评价学生在翻译课堂上的表现。

首先，形成性评价方式过于注重结果，忽视了学生在翻译过程中的努力。在翻转课堂上，教师需要关注学生在翻译过程中的表现，如对关键词的理解、语言表达的准确性、文本结构的处理等。这样，教师可以更好地了解学生的学习状况，及时发现并纠正问题。

其次，形成性评价方式难以全面评价学生的翻译能力。在翻转课堂中，学生的翻译能力不仅体现在最终的翻译文本上，还体现在他们在课堂讨论、小组合作等方面的表现上。因此，评价方式需要兼顾这些方面，从而更全面地评价学生的翻译能力。

最后，形成性评价方式缺乏对学生个体的关注。在翻转课堂上，学生之间的翻译水平可能存在较大差异。采用形成性评价方式难以满足每个学生的个性化需求，也不利于激发学生的学习兴趣。因此，评价方式需要充分考虑学生的个体差异，制订有针对性的教学计划。

为了实现翻译评价方式的多样化，教师可以采取以下措施。

（1）结合形成性和过程性评价，关注学生在翻译过程中的表现，如课堂参与、小组讨论等。

（2）利用在线评价工具，如语料库、翻译评估软件等，对学生的翻译文本进行定量与定性分析。

（3）创设多元化的评价场景，如模拟实际翻译项目、组织翻译比赛等，让学生在真实情境中展示自己的翻译能力。

（4）注重学生自评与互评，引导学生反思自己的翻译过程和成果，提高翻译水平。

（5）根据学生的个体差异，制订针对性的教学计划，激发学生的学习兴趣和潜能。

通过以上措施，翻译教师可以更全面、真实地评价学生在翻译课堂上的表现，从而提高学生的翻译水平，最终培养他们终身学习的能力。在翻转课堂中，形成性和过程性相结合的评价方法有助于实现教育的公平，为我国培养更多优秀的翻译人才。

第四节 "互联网+"视域下高校英语翻译教学多元评价体系的构建

一、信息化背景下的翻译教学评价

信息化时代为教学评价带来了前所未有的重大变革，使评价方法和手段更加多元化。传统的单一纸笔测试已逐渐退出历史舞台，取而代之的是全程形成性评价、过程评价与终结性评价相结合的混合评价方式成为主流。在这一过程中，信息化技术发挥着至关重要的作用。

（一）过程评价的信息化转型

信息化技术助力下的过程评价，不仅可以考查学生的学习态度、参与积极性、学习时长等，还能详细记录学生在课堂互动、问题回答、作业与实践完成等情况。使过程评价更加具体、有据可查，同时还能生成直观的报表，便于教师和学生及时了解学习进展。

（二）多元评价的实践与应用

多元评价不仅体现在评价形式的多样化，还反映在评价主体的多元化。改革后的翻译课程评价除了教师评价外，还包括个人评价、小组评价、同学评价，以及在线翻译平台或翻译软件的评价。这些评价主体共同构成了一个全面、客观的评价体系，为教师提供有利参考。

（三）云班课平台支持下的评价模式创新

云班课学习平台为翻译课程评价提供了新的可能。在此平台上，学生可以上传译文，供教师和同学查阅、评价并提出修改意见。大家还可以对译文进行标注、打分，实现教师评价与生生互评的有机结合。此外，教师还需关注学生的团队合作过程和效果等其他方面，确保评价的全面性。

（四）电子档案袋评价的实践与应用

电子档案袋评价是信息化手段在教学评价中的典型案例。每个学生都有一个电子文件夹，用以展示个性化学习、记录成长过程、反映进步情况。在翻译课上，电子档案袋可以作为翻译成果的汇集地，充分展示学生的学习成果。

二、翻转课堂模式下翻译教学评价体系的重构

翻转课堂翻译教学是一种教学模式，其外在表现是教学流程的颠倒，但其内在本质则是教学理念的彻底转变。这种教学模式的核心在于鼓励学生主动、自主地学习，旨在培养学生的社会适应能力，使他们能够应对不断变化的社会环境。为了满足学生的发展需求，需要构建一个具体且细化的翻译教学评价体系。这个体系应科学地设立各种评价指标及其权重，以便准确地评估学生的学习成果。同时，这样的评价体系也有助于激发学生的学习潜力，使他们能够发挥出最大的学习能力。

广东外语外贸大学教授穆雷对全球范围内语言服务百强公司的网络招聘广告进行了调研，并归纳出了对翻译人才的资质要求和能力需求。研究发现，职业素养、技术能力、团队合作能力、任务处理能力、专业能力和服务能力是笔译人员的基本入职要求。这些能力不仅对于翻译从业者至关重要，也是翻转课堂翻译教学需要重点培养的方向。在翻转课堂翻译教学

第七章 "互联网+"视域下高校英语翻译教学中的多元化评价

中,教师应关注学生的职业素养培养,引导学生树立正确的职业道德观,提高他们的职业素养。同时,翻译教师还需关注学生的技术能力培养,教导他们掌握先进的翻译技术,为今后的翻译工作打下坚实基础。此外,团队合作能力也是翻译工作中不可或缺的一环。翻译教师可以通过组织学生参与各类团队合作项目,培养他们的沟通协作能力,使他们能够在团队合作中发挥积极作用。同时,翻译教师还需关注学生的任务处理能力培养,教他们如何高效地应对各种翻译任务。

专业能力和服务能力是翻译工作的核心。翻译教师应引导学生深入研究各种语言和文化,提高他们的专业素养。此外,翻译教师还需教导学生如何在与客户沟通中展现良好的服务态度,提升客户满意度。下面基于翻译教学的自身规律,结合翻转课堂的教学特点,确定评价指标(表7-1),并尝试给出各指标的权重,引导师生对翻译教学作出合理评价。

表7-1 翻转课堂模式下翻译教学评价体系

评价指标		权重
翻译能力	理解准确	20%
	表达得体	20%
	风格恰当	15%
	技术细节	5%
		60%
工具操作能力		10%
团队合作能力		10%
任务处理能力		10%
持续改进能力		10%

(一)翻译能力

翻译能力,广义上来说,是指精通两种语言的能力,不仅能够准确地传达源语的信息,还能够巧妙地保持源语的韵味和风格。这种能力并非一蹴而就,而是需要通过长时间的学习和实践来不断提升。具体而言,翻译能力可以分为四个方面：理解能力、表达能力、风格把握能力和技术细节处理能力。

（1）理解能力是翻译能力的基础。它要求译者在阅读时能够准确理解原文的含义、语境以及作者的立场和态度。理解能力不仅涉及对词汇、语法和句型的掌握，还涉及对文化背景、历史背景和作者个人风格的了解。只有充分理解原文，译者才能准确地把握原文的信息，为后续的翻译奠定基础。

（2）表达能力是翻译能力的核心。它要求译者能够将原文的信息准确地转换为另一种语言，并在语言表达上力求简洁、清晰、流畅。表达能力的提高需要译者在实践中不断积累经验，掌握两种语言的差异，以及熟悉各种表达技巧和修辞手法。

（3）风格把握能力是翻译能力的高级阶段。它要求译者在翻译过程中能够充分理解原文的风格特点，并在译文中予以体现。风格把握能力涉及译者对两种语言文化的深入理解，以及对各种文学流派、写作风格的熟悉。只有做到这一点，译者才能在翻译过程中既忠实于原文的内容，又保持原文的风格。

（4）技术细节处理能力是翻译能力的基石。它要求译者在翻译过程中能够准确地处理各种技术性问题，如人名、地名、数字、日期、拼写和标点符号等，这一能力体现了译者的专业素养和严谨态度。

（二）工具操作能力

翻译工具操作能力在翻译行业中的重要性不言而喻。它是一种通过运用翻译工具来提升翻译效率和准确度的技能。在当今全球化的背景下，翻译服务企业对译员掌握翻译技术与工具的能力要求越来越高。王传英在调研中发现，语言服务企业对译员翻译技术与工具操作能力的重视程度超过了以往任何时候。为了适应这一需求，翻转式翻译教学评价体系应运而生。在这种评价体系中，掌握OFFICE等办公软件和TRADOS等辅助翻译工具被视为评价译员能力的重要指标。这样的评价方法有助于引导学生深入学习翻译辅助工具的操作，为他们日后的职业发展打下坚实的基础。

在实际教学过程中，翻译教师应着力培养学生的翻译工具操作能力，使

第七章 "互联网+"视域下高校英语翻译教学中的多元化评价

他们能够熟练运用各类翻译工具,提高翻译质量和效率。此外,学校和企业也应加强对翻译教师翻译工具操作能力的培训,通过举办各类讲座、研讨会和实践课程,帮助翻译教师不断提高自己的专业素养。

(三)团队合作能力

在翻转式翻译课堂中,学生可以分别担任译员、审校和翻译经理等角色。他们以小组形式完成翻译任务,通过这种实践方式锻炼和提升了自己的团队合作能力。在这个过程中,学生不仅能够学到专业知识,还能够培养沟通、协调、解决问题的能力,为日后的工作奠定坚实的基础。

首先,担任译员的学生需要具备扎实的语言功底和丰富的知识储备。他们在翻译过程中要力求准确、流畅地传递原文的信息,同时注意文化差异,使译文符合目标语言的表达习惯。

其次,审校人员在翻译过程中起着举足轻重的作用。他们需要具备严谨的作风和敏锐的洞察力,对译文进行精细的打磨。通过审校确保译文的质量,使之更加符合客户的需求。

最后,翻译经理作为团队的领导者,需要具备较强的组织协调能力。他们要负责制订翻译计划、分配任务,确保团队成员能够高效地完成工作。同时,翻译经理还要关注团队成员的成长和需求,为他们提供必要的支持和帮助。

(四)任务处理能力

任务处理能力是指学生在同一时间节点上能够妥善应对和处理多种不同任务的能力。在当前社会背景下,这项能力显得尤为重要。随着科技的飞速发展,人们需要应对的任务越来越多样化,任务处理能力的高低直接影响到学生的学习效果和工作效率。翻译任务作为一种特殊的任务类型,具有周期短、任务量大的特点。要求学生在有限的时间内快速准确地完成任务,对学生的任务处理能力提出了较高的要求。为了更好地应对翻译任务,学生需要具备以下几方面的能力。

逻辑分析能力：在翻译过程中，学生需要对原文进行深入的理解和分析，找出其中的逻辑关系和脉络，以便在翻译过程中保证内容的准确性和连贯性。

解决问题能力：翻译过程中难免会遇到各种困难和挑战，学生需要具备解决问题的能力，以便在面对问题时迅速找到合适的解决方案。

时间管理能力：由于翻译任务的周期短、任务量大，学生需要合理安排时间，确保在规定的时间内完成任务。时间管理能力在这一过程中起到了关键作用。

组织能力：在翻译过程中，学生需要将各种信息和知识点进行整合和组织，形成一个完整的故事或论述。具备良好的组织能力有助于提高翻译质量。

区分任务轻重缓急的能力：在面对众多翻译任务时，学生需要根据任务的紧急程度和重要性合理分配精力，确保重要任务得到优先处理。

抗压能力：翻译任务往往要求学生在短时间内完成大量工作，具备较强的抗压能力，有助于应对各种压力，保证任务顺利完成。

学习能力：在翻译过程中，学生需要不断学习新的知识和技能，以适应不断变化的任务需求。较强的学习能力有助于学生在短时间内提高自己的翻译水平。

学生在应对翻译任务时需要具备逻辑分析、解决问题、时间管理、组织、区分任务轻重缓急、抗压和学习等多种能力。通过不断提高这些能力，学生可以更好地应对翻译任务，实现学业和事业的成功。

（五）持续改进能力

持续改进能力是指学生在完成译文后，通过自我评价、同伴评价以及教师评价等多个环节，针对译文文本及翻译过程中的问题，制定改进目标，从而实现持续改进的能力。这种能力是翻转课堂模式下翻译教学的重要评价指标，它包含了学生在翻译过程中的自我反思、问题识别、目标设定和执行力等方面的表现。

在翻转课堂模式下，翻译教学的评价体系应当包含多个维度，如翻译能力、工具操作能力、团队合作能力、任务处理能力以及持续改进能力等。

第七章 "互联网+"视域下高校英语翻译教学中的多元化评价

这些指标共同构成了一个全面评价学生翻译水平的体系。其中,翻译能力作为主要目标,占据了评价体系总权重的60%,其余各项能力各占总权重的10%。

在教学过程中,教师和学生应根据上述指标体系,对翻译过程及成果进行合理评价。这种评价方式不仅能激发学生的自主学习意识,还能通过评价促进教学,提高教学质量。同时,这也是一种教学评价体系重构的尝试,各项指标的合理性和权重分配的适度性还有待于教学实践的检验。

在翻转课堂模式下,重构翻译教学评价体系具有引导、管理、调整和控制翻译教学的重要作用。在构建新的评价体系过程中,应遵循评价主体多元化、评价内容多维化及评价方式多样化的原则。同时,还要根据社会需求和翻译职业的发展趋势,选定合适的评价指标,并赋予相应的权重值,这样就能以评价促进翻译教学,全面提升学生的翻译水平。

第八章 "互联网+"视域下高校英语翻译教学的发展趋势

在"互联网+"时代,大数据、人工智能等技术为教育带来了前所未有的机遇。在英语翻译教学中,通过对学生学习数据的分析,翻译教师可以了解学生的学习需求、兴趣和特长,为学生提供个性化的教学资源和服务。此外,智能翻译软件的应用也能帮助学生提高翻译效率,实现实时互动交流,使翻译教学更具针对性。互联网上的信息资源丰富多样,为高校英语翻译教学提供了广阔的发展空间。

第一节　智慧教室与高校英语翻译教学

一、智慧教室

教室作为教育事业的基石，承载着传授知识、培养人才的重要使命。随着科技的发展和教育的变革，传统教室已无法满足现代教育需求，于是智慧教室应运而生，成为教育信息化发展的必然产物。

智慧教室，这个名字在英文文献中通常被翻译为 Smart Classroom、Intelligent Classroom、Classroom of Future 等；在中文文献中，它被称为"智能教室""智慧教室""智慧课堂"等。尽管对于智慧教室的概念，目前的研究尚未达成统一界定，但可以从以下几个方面来理解。

首先，智慧教室是一种教育模式。它以学生为中心，利用现代信息技术，如互联网、大数据、云计算、人工智能等，为学生提供个性化、智能化的学习环境。在这种环境下，教师能够更好地关注每个学生的需求，实现因材施教，提高教学质量。

其次，智慧教室是一种教学手段。它将传统的讲授式教学转变为互动式、探究式教学，鼓励学生主动参与、自主学习。通过多元化的教学方法和评价体系，智慧教室有助于培养学生的创新能力、合作精神和综合素质。

再次，智慧教室是一种教育理念。它强调教育公平、教育质量，关注学生的全面发展。通过优化教育资源配置、提高教育服务水平，智慧教室旨在为每个学生提供平等、优质的教育机会。

最后，智慧教室是一种发展趋势。随着科技的发展，尤其是人工智能技

第八章 "互联网+"视域下高校英语翻译教学的发展趋势

术的突飞猛进,教育行业正面临着深刻的变革。智慧教室的出现预示着未来教育将更加个性化、智能化、国际化,为培养适应新时代的人才奠定基础。

总之,智慧教室作为一种新兴的教育形态,以其独特的优势和强大的潜力正逐步改变着传统教育模式,推动教育事业的创新发展。在我国教育信息化建设的进程中,智慧教室将成为重要的发展方向,为提高教育质量和培养创新型人才发挥重要作用。

二、智慧教室在高校英语翻译教学中的具体应用

智慧教室与高校英语翻译教学的融合,无疑是教育科技进步的一个生动例证。智慧教室作为一种集成了多媒体、网络、人工智能等先进技术的现代化教学环境,为高校英语翻译教学带来了无限可能。

智慧教室能够提供丰富的多模态教学资源,包括视频、音频、图像、文字等多种形式,从而帮助学生在英语翻译学习中形成更加直观、生动的认知。例如,在翻译一些涉及文化背景或特定场景的句子时,教师可以利用智慧教室中的多媒体资源,展示相关图片、视频或音频,帮助学生更好地理解原文的语境和语义,从而进行更加准确的翻译。

此外,智慧教室还能够实现实时的互动与反馈。在传统的英语翻译教学中,学生往往只能在课堂上接受教师指导,而在课后则缺乏有效复习和巩固手段。智慧教室可以通过在线作业、智能评测等功能,让学生在课后也能够进行自主学习和练习,同时获得实时的反馈和指导。这种互动与反馈机制不仅能够提高学生的学习效率和兴趣,还能够帮助教师更加全面地了解学生的学习情况,从而进行有针对性的教学。

智慧教室在高校英语翻译教学中的具体应用已经取得了显著的成果。其独特的功能和设计使英语翻译教学变得更加生动、高效和个性化。

首先,智慧教室通过配备先进的多媒体设备,如交互式电子白板、高清投影仪等,为英语翻译教学提供了丰富的教学资源。翻译教师可以利用这些设备展示各种真实的翻译场景,如国际会议、商务谈判、文化交流等,帮助

学生更好地理解翻译的实际应用。同时，学生也可以通过这些设备进行互动学习，提高学习的积极性。

其次，智慧教室还具备智能化的教学管理系统。该系统可以记录学生的学习进度、成绩和反馈等信息，为翻译教师提供全面的学生数据分析。基于这些数据，翻译教师可以根据学生的实际情况进行个性化教学，调整教学策略，提高教学效果。此外，该系统还可以为学生提供自主学习和在线辅导等功能，满足学生多样化的学习需求。

最后，智慧教室还注重培养学生的实践能力和创新思维。通过组织各种翻译实践活动，如模拟翻译任务、翻译工作坊等，让学生在实际操作中提高翻译技能，增强实践能力。同时，智慧教室还鼓励学生参与创新项目和研究，培养学生的创新思维和解决问题的能力。

智慧教室在高校英语翻译教学中的具体应用为教学带来了革命性的变革。它不仅丰富了教学资源，提高了教学效果，还注重培养学生的实践能力和创新思维。

第二节　人工智能技术与高校英语翻译教学

一、人工智能技术

人工智能（Artificial Intelligence，AI）作为一门学科，旨在研究、开发和实现使计算机具有智能行为的算法和技术。这一领域涉及计算机科学、心理学、神经科学、数学、工程学等多个学科，旨在使计算机能够模拟、理解和实现人类的智能。人工智能的内涵丰富多样，包括知识表示与推理、自然语言处理、机器学习、计算机视觉、智能控制等多个方面。

第八章 "互联网+"视域下高校英语翻译教学的发展趋势

（一）知识表示与推理

知识表示与推理是人工智能研究的核心问题之一。它主要关注如何将人类的知识转化为计算机可以理解的形式，以及如何让计算机根据现有知识进行推理和解决问题。知识表示的方法包括谓词逻辑、框架理论、语义网络等。推理方法包括基于逻辑的推理、基于搜索的推理、基于概率的推理等。

（二）自然语言处理

自然语言处理（Natural Language Processing，NLP）是人工智能的另一个重要分支。它研究如何让计算机理解和生成人类语言，涉及语法分析、语义分析、情感分析、机器翻译等多个领域。自然语言处理的目标是让计算机能够像人类一样进行自然语言沟通，实现人机交互的高效与自然。

（三）机器学习

机器学习（Machine Learning，ML）是人工智能领域的一个重要方向。它研究如何让计算机从数据中自动学习和提取规律，从而实现预测和分类等任务。机器学习方法包括监督学习、无监督学习、强化学习等。随着大数据技术和算力的提升，机器学习在许多领域取得了显著成果，如图像识别、语音识别、推荐系统等。

（四）计算机视觉

计算机视觉（Computer Vision，CV）是人工智能研究的一个重要领域，主要关注如何让计算机从图像或视频中获取有价值的信息。计算机视觉技术包括图像处理、目标检测、目标跟踪、场景理解等。随着深度学习技术的发展，计算机视觉在许多应用场景中取得了突破性进展，如自动驾驶、人脸识别、医学影像分析等。

（五）智能控制

智能控制是人工智能在工程领域的一个重要应用，研究如何将人工智能技术应用于各类控制系统，以实现对复杂系统的智能调控。智能控制方法包括模糊控制、神经网络控制、遗传算法控制等。智能控制在工业、农业、医疗、交通等多个领域具有广泛的应用前景。

人工智能的内涵丰富多样，涉及多个学科和技术领域。随着科技的不断发展，人工智能技术在各行各业的应用日益广泛，对人类社会的发展产生了深远影响。未来，人工智能将继续拓展其研究领域，为人类带来更多惊喜。

二、人工智能在高校英语翻译教学中的具体应用

人工智能在高校英语翻译教学的应用已经逐渐普及，并带来了许多创新和改变。以下是一些主要的应用方面。

（一）自适应教育

自适应教育是人工智能在高校英语翻译教学的重要应用之一。它通过分析学生的学习情况和需求，自动调整教学策略和内容，以提供更加个性化的学习体验。这种教育方式可以更好地满足学生的需求，提高学习效果。

（二）智能辅助教学

智能辅助教学是一种利用人工智能技术来辅助教师进行高校英语翻译教学的方式。它可以自动生成教学计划、提供学习资源、评估学生的学习成果等。这种辅助教学方式可以提高翻译教师的教学效率和质量，同时也可以帮助学生更好地理解和掌握翻译知识。

(三）机器学习平台

机器学习平台是一种利用人工智能技术来提供学习支持的方式。它可以为学生提供大量的翻译学习资源和在线课程，同时也可以根据学生的学习情况和需求提供更加个性化的学习建议和指导。

（四）智能评估和反馈

智能评估和反馈是人工智能在高校英语翻译教学的另一个应用。它可以对学生的作业、考试等学习成果进行自动评估和反馈，同时也可以根据学生的学习情况和表现提供更加个性化的学习建议和指导。

（五）智能教育资源

智能教育资源是一种利用人工智能技术来管理和优化教育资源的方式。它可以为学生和教师提供更加便捷、高效的英语翻译资源获取方式，同时也可以根据学生的学习情况和需求提供更加个性化的学习建议和指导。

第三节 VR技术与高校英语翻译教学

一、VR技术

虚拟现实技术（Virtual Reality，VR）这一充满未来感的科技名词，自20世纪诞生以来便以其独特的魅力引领着科技潮流。作为计算机网络技术的一颗璀璨明珠，VR技术通过数字的方式构建出一个与真实世界高度相似的虚拟空间，让人们在其中沉浸、体验、感知。

　　VR技术的核心在于它运用了计算机技术、电子信息技术、虚拟仿真技术等多领域的知识与技术创造了一个超越现实的虚拟世界。在这个世界里，人们可以通过头戴式显示器、手柄等交互设备，与虚拟世界进行互动，获得前所未有的沉浸式体验。无论是探险游戏、教育培训、建筑设计还是医疗康复等领域，VR技术都展现出了巨大的应用潜力。

　　随着科学技术的不断进步，VR技术也在迅速发展。从最初的简单模拟到如今的高清画质、精准定位、自然交互，VR技术不断突破自身的局限，为用户带来更加逼真的虚拟体验。在这一过程中，计算机视觉、声音学、人机交互等领域的研究成果都为VR技术的进步提供了有力支持。

　　VR技术的应用领域也在不断扩大。在游戏产业，VR游戏以其独特的沉浸式体验吸引了大量玩家；在教育培训领域，VR技术为学生提供了更加直观、生动的学习方式；在建筑设计领域，VR技术让设计师能够在虚拟空间中自由构建、调整设计方案；在医疗康复领域，VR技术为患者提供了更加安全、有效的康复手段。

　　值得一提的是，VR技术的发展也带动了相关产业的繁荣。从硬件设备的生产到软件开发、内容创作，VR产业链不断完善，为经济增长注入了新的活力。同时，VR技术还促进了跨领域的合作与创新，为科技进步和社会发展带来了更多可能性。

　　VR技术的特征主要包括以下几个方面。

（一）沉浸感

　　VR技术可以生成一种逼真的三维虚拟环境，用户可以通过头戴式显示器、手柄等设备进行操作，仿佛身临其境地进入这个虚拟世界。这种沉浸感可以让用户完全沉浸在虚拟环境中，专注于与虚拟物体的交互和体验，而忽略了现实世界中的干扰和影响。

（二）交互性

VR技术允许用户与虚拟环境进行自然交互，用户可以通过手势、头部转动、身体移动等动作来操作虚拟物体，同时得到相应的反馈，如物体的形状、大小、重量等感官体验。这种交互性使用户能够更加真实地感受到自己与虚拟环境的联系和互动。

（三）想象性

VR技术可以激发用户的想象力和创造力，用户可以在虚拟环境中进行探索和学习，获取新的知识和技能。同时，VR技术还可以通过模拟现实生活中的场景和事件，帮助用户更好地理解和掌握现实世界中的知识和技能。

（四）多感知性

VR技术可以提供多种感知体验，包括视觉、听觉、触觉、味觉等感官体验。用户可以通过头戴式显示器、手柄等设备感受到虚拟环境中的视觉和听觉刺激，同时还可以通过手柄等设备感受到虚拟物体的大小、形状、重量等物理属性。这种多感知性可以让用户更加真实地感受到自己与虚拟环境的联系和互动。

（五）存在感

VR技术可以让用户感到作为主角存在于模拟环境中的真实程度。这种存在感可以让用户更加深入地参与到虚拟环境中，感受到自己在虚拟世界中的存在和影响力。

二、VR技术在高校英语翻译教学中的具体应用

VR技术在高校英语翻译教学中的具体应用，为这一传统领域注入了新的活力。借助先进的VR技术，翻译教师能够为学生创造一个沉浸式的语言学习环境，从而极大地提升他们的翻译技能和跨文化交流能力。

（一）为学生模拟出真实的语言环境

在传统的翻译教学中，学生往往只能通过教材和翻译教师的讲解来学习语言知识。然而，这种方式往往无法让学生真正感受到语言的实际运用。通过虚拟现实技术，学生可以进入到一个虚拟的语言环境中，与虚拟人物进行实时的对话和交流，从而更加深入地了解语言的使用方式和文化背景。

（二）用于模拟翻译场景

在翻译过程中，译者需要面对各种复杂的场景和语境。通过VR技术，翻译教师可以为学生模拟出这些场景，让他们在实际操作中学习如何根据不同的场景和语境进行准确的翻译。这不仅可以提高学生的翻译技能，还可以让他们更好地理解翻译的实际应用场景。

（三）为学生提供更加丰富的学习资源

通过VR技术，学生可以进入一个虚拟的图书馆或资料库中，随时查阅各种相关的学习资料和信息。不仅可以扩大学生的知识面，还可以提高他们的自主学习能力。

通过创造一个沉浸式的语言学习环境、模拟真实的翻译场景以及提供丰富的学习资源，VR技术可以帮助学生更好地掌握英语翻译技能和提高跨文化交流能力。未来随着技术的不断发展和完善，VR技术将在高校英语翻译教学中发挥更加重要的作用。

第四节 AR技术与高校英语翻译教学

一、AR技术

增强现实（Augmented Reality，AR）是一种革命性的技术，它将虚拟信息无缝融合到真实世界中，为用户提供沉浸式的交互体验。这项技术实时计算摄影机的位置和角度，并在真实场景中叠加相应的图像，使用户能够感知到原本不存在的信息。AR技术不仅丰富了我们的感知体验，还在教育、导航、娱乐等多个领域展现出巨大的潜力。

AR技术的核心特点之一是虚实结合。通过计算机技术生成图像信息，这些信息通过传感器映射到现实场景中的特定位置，并通过屏幕呈现给用户。这种呈现方式将真实环境的实际存在与虚拟信息的灵活性相结合，不仅简化了传统场景构建的烦琐过程，还使虚拟与现实之间的结合更加紧密。在教育领域，AR技术为教学资源的制作提供了更多样化的形式，拓宽了教学资源建立的渠道。例如，利用AR技术，教材中的图片可以被识别并转化为三维模型，学生可以通过调整模型在AR相机中的位置实现实时、全方位的观察，从而培养空间思维能力。

另一个显著的特点是实时交互。AR技术能够将虚拟世界与现实世界实时同步，使用户能够在AR构建的世界中实时交互。例如，导航APP中的AR导航功能允许用户通过智能移动设备旋转位置或进行其他触屏操作，获得道路的指引信息。这种实时交互的实现依赖于"三维准配"技术，即随着设备移动或转动所获得的现实图像视野发生变化，AR所生成的信息也随之变化。这种交互特征使教学过程中的互动更加自然和直观，有助于提高学生的专注度和学习效果。

AR技术还带来了沉浸式体验。这种体验让用户仿佛置身于一个真实而难以分辨的虚拟世界中，使学习过程更加生动和有趣。对于教学而言，创造一个让学生专注学习的情境至关重要。传统的情景式教学法往往需要教师通过图像、视频、语言描述等方式来构造学习情景，而AR技术则能够构造更加直观、逼真的学习情景，免去了传统方式构造的学习情景进入学生思维二次加工的步骤。这种沉浸式体验有助于提高学生的学习专注度，使他们更容易进入学习状态。

二、AR技术在高校英语翻译教学中的具体应用

AR技术不仅为学生创造了一个更加真实和互动的学习环境，也进一步提高了教学质量和学习效率。

（一）词汇学习方面

在词汇学习的广阔天地中，AR技术以其独特的魅力为学习过程注入了新的活力。通过将英语单词和短语以三维的形式呈现在学生面前，AR技术让学生能够通过直观的方式理解单词的含义和用法，为词汇学习带来了革命性的变革。例如，当你正在学习关于动物或植物的词汇时，不再是单调乏味的书本知识，而是通过AR设备将真实的动物或植物模型跃然眼前。你可以看到一只栩栩如生的狮子，或者是一朵盛开的玫瑰。这种沉浸式的体验让学生仿佛置身于大自然中，与这些生物亲密接触，从而更加深入地理解单词所代表的含义。不仅如此，AR技术还能为学生提供与单词相关的例句和翻译。例如，当你看到一只狮子时，屏幕上会显示出lion这个单词，并伴随着一句例句："The lion is the king of the jungle."（狮子是丛林之王。）这样的设计不仅帮助学生记住单词的拼写和发音，还能让他们理解单词在实际语境中的运用。

利用AR技术进行词汇学习的方式不仅增加了学习的趣味性，也显著提高了学生的学习效果。与传统的词汇学习方式相比，AR技术所带来的沉浸式体验让学生更加投入，更加愿意主动探索和学习。同时，通过直观的方式理解单词的含义和用法，学生更容易形成深刻的印象，更好地记忆和运用这

第八章 "互联网+"视域下高校英语翻译教学的发展趋势

些词汇。

AR技术在词汇学习中的应用还有很大的发展空间。例如，我们可以设想一种更高级的AR应用，它不仅能够呈现出三维的动物或植物模型，还能够模拟出这些生物的行为和声音，让学生在多个感官上得到全面的体验。此外，AR技术还可以结合语音识别和人工智能技术，让学生在与虚拟生物的互动中练习发音和口语表达。

（二）语法和句子结构的学习方面

借助AR技术，我们可以构建一个生动、真实的虚拟英语环境，让学生沉浸其中，仿佛置身于真实的英语对话场景中。

通过佩戴AR眼镜，学生进入一个充满异国风情的英语世界。在这个世界里，他们可以遇到各种各样的英语母语者，与他们进行实时的对话交流。这些对话场景丰富多样，可以涵盖日常生活中的各个方面，如购物、旅行、工作、学习等。学生在与这些虚拟角色的互动中不仅能够锻炼自己的听、说、读、写能力，还能深入了解英语国家的文化和习俗。

更重要的是，AR技术能够即时显示学生在对话中出现的语法错误和句子结构问题。通过先进的自然语言处理技术，AR系统可以准确地识别出学生的语言错误，并在屏幕上以醒目的方式显示出来。同时，系统还会提供正确的修改建议，帮助学生纠正错误，掌握正确的语法和句子结构。

这种学习方式的优势在于，它将传统的课堂教学与现代化的技术手段相结合，让学生在实践中学习和掌握英语翻译的技巧。与传统的课堂教学相比，AR技术为学生提供了更多的实践机会和更及时的反馈，使他们能够在不断尝试和修正中提高自己的英语水平。

此外，AR技术还能激发学生的学习兴趣和动力。通过构建生动有趣的虚拟环境，AR技术可以让学生感受到英语学习的乐趣和实用性，更加主动地投入到学习中去。这种积极主动的学习态度，对于提高学生的英语水平和培养终身学习的习惯具有重要意义。

(三)用于辅助学生进行英语阅读和写作训练

在英语阅读和写作训练方面,AR技术的应用不仅可以提升学生的学习体验,还能有效提高他们的学习效率。

在阅读方面,传统的英文原著阅读往往需要学生具备一定的词汇量和背景知识,这对于许多初学者来说是一个巨大的挑战。借助AR技术,学生可以通过头戴式设备或者平板电脑,以全新的视角体验英文原著的魅力。AR设备能够将原著中的场景、人物以三维的形式呈现在学生面前,让他们仿佛置身于故事的世界中。同时,通过AR设备的交互功能,学生可以轻松获取到相关的背景知识、生词解释等,这不仅能够降低阅读难度,还能激发他们对英语学习的兴趣。例如,当学生在阅读一部关于中世纪的英文小说时,AR设备可以将小说中的城堡、骑士、宫廷等场景以三维的形式展现出来。学生可以通过点击或触摸屏幕,查看相关的背景知识,了解中世纪的社会制度、风俗习惯等。这样的阅读体验不仅让学生更加深入地理解故事情节,还能拓宽他们的知识视野。

在写作方面,AR技术同样能够发挥巨大的作用。传统的写作训练往往局限于纸笔或电脑,学生很难感受到真实的写作场景。借助AR技术,学生可以进入一个虚拟的写作环境,模拟真实的写作场景,如写作邮件、论文、新闻报道等。在这个虚拟环境中,学生可以根据自己的需求选择不同的写作工具和模板,甚至可以与虚拟人物进行对话,获取写作灵感。

更重要的是,AR设备还可以提供实时语法检查、拼写检查、句式优化等功能。这些功能可以帮助学生在写作过程中及时纠正错误,提高写作质量。同时,AR设备还能根据学生的写作风格和水平提供个性化的建议和指导,帮助他们更好地提升自己的写作水平。

(四)用于模拟国际会议和商务谈判等场景

在模拟国际会议和商务谈判等场景中,AR技术可以让学生身临其境地参与角色扮演和模拟实践,从而更加深入地了解英语在国际交流中的重要性和应用价值。

第八章 "互联网+"视域下高校英语翻译教学的发展趋势

1.模拟国际会议：实践英语交流能力

利用AR技术，教育者可以为学生构建一个高度逼真的国际会议场景。在这个虚拟环境中，学生将扮演来自不同国家的代表，围绕某个议题展开激烈的讨论。这样的模拟实践不仅让学生有机会运用英语进行实际交流，还能让他们深刻体会到在国际舞台上英语作为一种通用语言的重要性。

通过模拟国际会议，学生可以锻炼自己的英语听力、口语和表达能力。在与其他国家代表交流的过程中，他们需要迅速理解对方的观点，并用英语进行有效回应。同时，他们还需要学会如何在多元文化背景下表达自己的立场，这对于培养他们的跨文化交际能力至关重要。

2.模拟商务谈判：提升英语应用技能

除了模拟国际会议，AR技术还可以用于模拟商务谈判场景。在这个场景中，学生将扮演谈判双方的代表，就某个商业项目或合作事宜展开磋商。这样的模拟实践不仅让学生有机会运用英语进行商务沟通，还能让他们了解到在实际谈判中如何运用英语来争取自己的利益。

通过模拟商务谈判，学生可以更加深入地了解英语在商务领域的应用价值。他们需要学会如何用英语准确地表达自己的需求、分析对方的立场，以及提出合理的解决方案。此外，他们还需要学会如何在谈判中保持礼貌和尊重，这对于建立长期的商业合作关系至关重要。

AR技术在模拟国际会议和商务谈判等场景中的应用具有显著优势。首先，它为学生提供了一个高度逼真的虚拟环境，让他们能够在实践中锻炼自己的英语翻译能力和跨文化交际能力。其次，AR技术还具有高度的灵活性和可定制性，教育者可以根据学生的需求和水平调整模拟场景的难度和复杂度。

展望未来，我们期待看到更多创新性的AR教育应用不断涌现。同时，也希望教育者能够不断探索和实践将AR技术与传统教学方法相结合的有效途径，为学生提供更加优质、高效的学习体验。

参考文献

[1]阿日贵.高校英语翻译教学研究[M].北京：北京工业大学出版社，2019.

[2]高华丽.翻译教学研究[M].上海：上海交通大学出版社，2020.

[3]李奉栖.翻译理论在本科翻译教学中的应用研究[M].成都：四川大学出版社，2021.

[4]李青.英汉翻译及翻译教学研究[M].哈尔滨：黑龙江科学技术出版社，2019.

[5]卢璨璨.英语翻译教学方法理论研究[M].天津：天津人民出版社，2019.

[6]马亚丽.翻译人才培养新模式与翻译教学改革研究[M].成都：电子科技大学出版社，2019.

[7]徐媛媛.翻译教学与翻译人才培养创新研究[M].延吉：延边大学出版社，2018.

[8]姚娟，徐丽华，娄良珍.高校英语阅读与翻译教学多维研究[M].天津：天津科学技术出版社，2021.

[9]余胜映.英语翻译教学的理论与实践应用研究[M].延吉：延边大学出版社，2022.

[10]张萍.翻译理论与英汉翻译教学[M].长春：吉林人民出版社，2020.

[11]曹野."互联网+"背景下医学英语评注式翻译教学模式的构建[J].中国医学教育技术，2018，32（01）：66-69.

[12]陈凯.翻转课堂模式在大学英语翻译教学中的应用研究[J].海外英语，2022，（17）：124-125+147.

[13]陈秀春.基于"互联网+"的翻译理论与实践课程教学创新模式构建与实践[J].对外经贸，2021，（05）：122-124.

参考文献

[14]丛新."互联网+智慧教学"视域下大学英语翻译教学新形态探讨[J].才智,2019,(12):94+96.

[15]杜柯含."互联网+"背景下大学英语翻译教学模式探讨[J].北极光,2019,(01):142-143.

[16]杜杨."互联网+"智慧教学视角下大学英语翻译授课[J].佳木斯职业学院学报,2021,37(02):83-84.

[17]杜怡.互联网背景下的高校英语翻译教学创新研究[J].湖北农机化,2020,(05):163.

[18]范静."互联网+"智慧教学视角下大学英语翻译授课探析[J].考试与评价(大学英语教研版),2019,(03):68-72.

[19]方宇,杨然.信息技术在中医英语翻译教学中的应用研究[J].现代职业教育,2017,(34):23.

[20]冯素素."互联网+"思维模式下高校英语翻译教学策略探讨[J].海外英语,2019,(02):26-27.

[21]官印,陈魏芳.大学英语翻译教学存在的问题与策略分析[J].湖北开放职业学院学报,2022,35(21):191-192+198.

[22]贯丽丽.翻转课堂与PBL教学法结合的高校翻译教学改革实践[J].吉林广播电视大学学报,2017,(06):44-45+76.

[23]侯淑声."互联网+"背景下大学英语翻译教学模式创新初探[J].传播力研究,2018,2(30):180-181.

[24]黄安然.互联网背景下英语翻译教学模式的创新[J].中外企业文化,2022,(02):229-230.

[25]黄旦华."互联网+"背景下大学英语翻译教学模式创新研究[J].教育理论与实践,2017,37(15):53-54.

[26]贾玉晖,侯曲萍."互联网+"时代高校英语翻译教学模式建构路径探索[J].海外英语,2021,(01):98-99.

[27]金玲.基于教育生态学的信息化翻译教学模式研究[J].湖北开放职业学院学报,2019,32(12):169-170.

[28]康顺理."互联网+"时代高校英语翻译教学创新研究——评《现代教育技术与多媒体外语教学》[J].中国科技论文,2020,15(10):1220-1221.

[29]康晓芸，甄艳华.基于"互联网+"的英语专业翻译课程教学管理模式研究[J].吉林省教育学院学报，2019，35（09）：86-89.

[30]蓝雅.基于多元智能理论的大学英语翻译教学模式研究[J].海外英语，2020，（07）：38-39.

[31]李蕾."互联网+"时代大学英语翻译与信息化教学创新——评《新媒体时代翻译教学研究》[J].中国科技论文，2021，16（09）：1050.

[32]李美霞."互联网+"背景下大学英语翻译教学模式的创新探索[J].陕西教育（高教），2020，（02）：21-22.

[33]李翔.新媒体时代大学英语翻译教学创新研究——评《翻译与跨文化交际》[J].中国高校科技，2020，（07）：104.

[34]林凤琴，王茜.互联网环境下高职英语翻译教学创新路径[J].河北能源职业技术学院学报，2021，21（02）：91-93.

[35]林丽颖.关于网络环境下高校英语翻译教学模式研究[J].国际公关，2020，（10）：44-45.

[36]刘淼.大学英语翻译教学的移动模式[J].吉林化工学院学报，2019，36（02）：10-13.

[37]刘瑞玲，周展旭.慕课在大学英语翻译教学中的应用[J].海外英语，2021，（07）：12-13.

[38]刘喜玲."智慧教育"视域下大学翻译教学模式研究[J].创新创业理论研究与实践，2019，2（16）：116-117+120.

[39]刘性峰.数字化时代英语翻译教学模式探索[J].南京工程学院学报（社会科学版），2014，14（02）：64-67.

[40]路之阳，王钰，张林影."互联网+"时代大学英语翻译教学模式建构[J].科技资讯，2020，18（29）：38-40.

[41]马娜.基于教育生态学的信息化翻译教学模式研究[J].智库时代，2019，（31）：176-177.

[42]马颖."互联网+"环境下商务英语翻译教学模式研究[J].现代经济信息，2018，（08）：434.

[43]钮敏.探究网络环境下高校英语翻译教学优化模式[J].江西电力职业技术学院学报，2021，34（08）：45-46.

[44]钱阳."互联网+"时代本科翻译教学研究[J].山东农业工程学院学报,2018,35(04):182-183.

[45]任俊红."互联网+"时代大学英语翻译教学创新研究[J].食品研究与开发,2023,44(06):239.

[46]沈剑文.基于"智慧教育"视域下大学翻译教学模式研究[J].海外英语,2021,(20):62-63.

[47]孙宇.新媒体语境下的大学英语翻译教学研究[J].科技资讯,2020,18(01):106-107.

[48]唐巧惠.信息技术在高校英语翻译教学中的应用研究[J].英语广场,2023,(15):69-72.

[49]唐涛."互联网+"时代大学英语翻译教学创新研究[J].现代职业教育,2023,(19):41-44.

[50]王慧.探究网络环境下高校英语翻译教学优化模式[J].英语广场,2021,(18):70-72.

[51]王祺,张驰.基于网络环境下高校英语翻译教学模式的改革及实施方法研究[J].现代英语,2021,(17):86-88.

[52]王小红.互联网环境下的高校英语翻译教学创新策略[J].知识经济,2019,(21):158-159.

[53]王岩.基于翻转课堂的高校翻译教学模式研究[J].现代交际,2017,(18):21-22.

[54]王怡云.信息技术环境下的大学英语翻译教学模式的构建[J].北极光,2019,(12):161-162.

[55]韦新建.基于"互联网+"环境的大学英语翻译教学模式创新探析[J].现代职业教育,2018,(31):186.

[56]吴艳."互联网+"智慧教学视角下大学英语翻译授课[J].科教文汇(中旬刊),2020,(26):184-185.

[57]肖玲,祝爱华.高校英语翻译教学优化策略研究[J].湖北开放职业学院学报,2023,36(03):188-189+192.

[58]辛闻,李文斌."互联网+"时代大学英语翻译教学创新研究[J].中外企业家,2020,(11):191.

[59]徐艳红."互联网+"背景下的英语翻译教学[J].现代交际,2017,(24):147-148.

[60]鄢恩露.基于数字化信息技术和资源的大学英语翻译教学研究[J].智库时代,2019,(45):255-256.

[61]杨慧文.应用翻译理论下的大学英语翻译教学[J].当代教育实践与教学研究,2018,(11):81-82.

[62]易施言."互联网+"背景下大学英语翻译教学模式创新分析[J].智库时代,2018,(46):207-208.

[63]于德晶."互联网+"环境下英语翻译教学模式创新研究[J].佳木斯职业学院学报,2019,(12):109+111.

[64]于飞.网络环境下高校英语翻译教学模式分析[J].现代交际,2018,(21):176-177.

[65]张兵兵."互联网+"时代翻转课堂在本科翻译教学中的应用[J].英语广场,2020,(17):93-95.

[66]张鸿翼.基于SPOC的大学英语翻译教学模式构建与应用探究[J].海外英语,2022,(16):42-43.

[67]张琳."互联网+"时代高校英语翻译教学改革探析[J].吉林农业科技学院学报,2022,31(06):86-89.

[68]张玲.信息技术应用于英语翻译教学研究——评《信息技术背景下的英语翻译与教学实践》[J].中国科技论文,2023,18(01):136.

[69]张敏."互联网+"环境下大学英语翻译教学模式创新研究[J].国际公关,2019,(09):41-43.

[70]张鹏.基于雨课堂的商务英语翻译教学协同创新策略探析[J].大连大学学报,2018,39(03):141-144.

[71]张倩倩.移动互联网在英语语言翻译的教学实践[J].电子技术,2020,49(06):166-167.

[72]张珊迪.网络环境下高校英语翻译教学模式研究[J].文化创新比较研究,2018,2(30):78+80.

[73]张威.互联网环境下高校英语翻译教学实践[J].科教导刊,2021,(01):64-65.

[74]张微."互联网+"时代商务英语翻译教学探索[J].黑龙江教育（高教研究与评估），2017,（11）：7-8.

[75]张霞.基于"互联网+"大学英语翻译教学模式创新研究[J].海外英语，2020,（16）：67-68.

[76]张霞.网络环境下的高校英语翻译教学模式探究[J].英语广场，2022,（17）：87-90.

[77]张旭雁.关于网络视域下高校英语翻译教学模式探析[J].海外英语，2021,（19）：230-231.

[78]张妍.移动互联网+案例教学法在高职英语翻译教学中的应用分析[J].江西电力职业技术学院学报，2018,31（07）：38-39.

[79]张烨炜，牟雅韬."互联网+"视域下高校英语专业翻译类课程教学模式的探索[J].信息记录材料，2018,19（07）：185-187.

[80]赵觅."互联网+"时代大学英语翻译与信息化教学创新——评《教育信息化背景下的大学英语自主学习探索》[J].科技管理研究，2020,40（18）：271.

[81]赵雨格."互联网+"时代大学英语翻译教学模式探究[J].英语广场，2023,（18）：84-87.